2023年改訂版

Q&A

でわかる！

第一線のお客様対応（顧客管理）と

マネロン 対策

片岡総合法律事務所

弁護士　　　　弁護士　　　　弁護士
近藤克樹　近岡裕輔　中西成太

ビジネス教育出版社

はじめに

　本書初版を発行した時期は、2018年の金融庁「マネー・ローンダリング及びテロ資金供与対策に関するガイドライン」の公表がなされ、2019年のFATF（金融活動作業部会）によるオンサイト審査が控えているという状況の最中でした。

　2018年から2020年にかけて、FATF相互審査への対応が日本政府及び日本の金融機関の喫緊の課題となる中で、金融機関のマネー・ローンダリング対策の意識や態勢は、必然的に引き上げられたと認識しています。

　2021年8月30日に、FATF相互審査結果が公表され取引モニタリングシステムの大幅な改革など、金融機関にとってかなり要求水準の高い内容が求められていますが、これまでの間、各金融機関においては、対応に悩み、ときに苦慮しつつも、リスクベースアプローチの精神に則り、それぞれが抱えるリスクの特定・評価・低減に地道に取り組まれている印象を受けます。

　他国においても様々な取り組みが実践され、FATFフォローアップの報告においても評価が改善される傾向にありますので、日本もこれに続き、課題を抱える有効性評価を中心とした改善が望まれます。

　上記ガイドラインの「対応が求められる事項」への対応期限である2024年3月まで残すところ半年程度となり、ラストスパートの時期に差し掛かっています。各金融機関においては引き続きの対応、ひいてはそれ以降のマネー・ローンダリング遮断に向けた不断の取り組みが期待されます。

　本書は、FATF相互審査結果の内容やその公表前後の当局からの発信を踏まえ、2022年、2023年の動きを中心に内容をアップデートしました。2022年、2023年の主な動きとしては、2022年3月の「マネー・ローンダリング・テロ資金供与・拡散金融対策の現状と課題」の公表（2023年版は2023年6月に公表）、同年6月の資金決済法等の改正、同年8月の「マネロン・テロ資金供与対策ガイドラインに関するよくある質問（FAQ)」の公表、同年9月のFATF対日相互審査フォローアッ

プ報告書（第一回）の公表、同年 12 月の FATF 勧告対応法の成立、2023 年 1 月の FATF 第 4 次審査結果の全体訳の公表などが挙げられます。各金融機関のマネーローンダリング対策態勢の向上や、金融業務に携わる様々な人のマネーローンダリング対策に関する理解向上に、本書が少しでもお役に立てば幸いです。

片岡総合法律事務所

近藤克樹
近岡裕輔
中西成太

2　取引時確認等の際に第 1 線担当者が気を付けるべきポイント

3 第1線担当者の継続的な顧客管理及び疑わし い取引への対応

1 その依頼、断れますか？〜マネーローンダリングに利用されるリスクを減らすために〜

Q

&

A

1 お客様から急ぎの依頼を受けた際に

　例えば、別の支店で口座を持っているお客様が、取引先との交渉のついでに、たまたま取引先の近くにあったあなたの支店に来たとします。お客様が、取引先との交渉で手に入れた現金を急ぎで送金したいとの依頼をしてきました。友人から借りたお金を今日中に返さなければならないので急いでほしいとのことです。

　しかし、近くで取引先との交渉があったというのは本当でしょうか。金融庁が公表している疑わしい取引の参考事例では、「当該支店で取引をすることについて明らかな理由がない顧客に係る口座を使用した入出金」が真の口座保有者を隠匿している可能性がある事例として挙げられています。

　また、友人からの借入れというのは本当でしょうか。借入れの事実を示すような書類（借入証書など）は確認できるのでしょうか。あるいは、借り入れた資金は口座に入金されているのでしょうか。

　顧客満足度は、これらの確認をせずに手続を進めた方が高いでしょう。しかし、マネーローンダリング対策としては、顧客満足度を犠牲にしてでも社内規則に則った確認を行わなければなりません。仮に所定の確認を行うことができない場合には、依頼を断らなければならないのです。

2 マネーローンダリング対策に対する目線の厳格化

　近年、国際社会において、マネーローンダリング対策に対する目線が急速に厳しさを増しています。

　その背景には、金融の国際化が進む中で、犯罪組織やテロリスト集団も国境をまたいで複雑かつ巧妙な活動に対する、各国の危機意識があります。それらの組織は、マネーローンダリング対策が甘い国を狙うため、自国でのみ高度な対策をしていても意味がなく、国際的に歩調を合わせて対策を講じることが必要とされています。

　マネーローンダリング対策に不備のある銀行は、報道例のように外国当局から巨額の制裁金を課されたり、取引相手である海外の金融機関等からコルレス契約（主に銀行間で送金を行うための基本契約）の解消を求められたりする事態になっています。

　さらに、日本では、2019 年から 2020 年にかけて FATF 第 4 次相互審査が行われ、2021 年 8 月 30 日にその結果が公表されたことにより、マネーローンダリング対策の高度化が急務となっています。

【マネーローンダリング対策の不備による制裁金等の報道例】
・2012 年 7 月、英 HSBC メキシコ法人は、メキシコ当局に対し、イラン・ロシア関係のマネーローンダリングを見逃していた疑いで 2750 万ドルの制裁金を支払う。同年 12 月、HSBC は、米国当局に 19 億ドルの罰金を支払う。
・2012 年、英スタンダードチャータード銀行は、ニューヨーク州金融サービス局（NYDFS）から、イラン向け送金を隠ぺいした疑いで、総額 6 億 6700 万ドルの罰金を科される。
・2014 年 6 月、仏 BNP パリバは、米国司法省から、米国の金融制裁の対象となっていたスーダンやイランとの間で 2004 年から 12 年にかけてドル送金などを続けその事実を隠していたとして、総額 89 億ドルの罰金を科される。ドル資金の決済業務も一定期間禁じられると報道。
・2018 年 2 月、米 US Bank 及び親会社の US Bancorp は、米当局に対し、マネーローンダリング管理態勢の不備で、合計 6 億 1300 万ドルの罰金を支払うことで合意。

- 2018年6月、オーストラリアのコモンウェルス銀行は、豪当局に対して、マネーローンダリング対策の不備（報告義務がある1万豪ドルを上回る現金取引について5万件以上の報告が遅れたこと等）について、約7億豪ドルの罰金支払を合意。
- 2018年9月、デンマーク最大の銀行であるDanske銀行のエストニア法人において、2007年から2015年の間に推定2000億ユーロ（約26兆2200億円）のマネーローンダリングの疑いが判明（過去最大規模）。大掛かりな刑事捜査が進行中。
- 2018年9月、オランダのING銀行は、オランダ当局との間で、2010～16年にかけて適切に顧客管理をしておらず、多数の口座がマネーローンダリングに利用されていたことについて、不当利得の吐出しと合わせて7億7500万ユーロ（約1000億円）を支払うことに合意。また、2021年3月、同行フランス法人は、フランスの規制当局（ACPR）から、マネーローンダリング管理態勢の脆弱性を理由に300万ユーロの罰金を科される。
- 2018年10月、米Capital One Bankは、米当局との間で、内部管理態勢の不備、疑わしい取引の届出態勢の不備、リスク評価の不備などを理由に、1億ドルの罰金を支払うことで合意。
- 2018年11月、仏ソシエテ・ジェネラルは、米当局から、制裁対象国（キューバ、イラン）への送金を繰り返していたとして、合計13億4000万ドル（約1500億円）の罰金を科される。
- 2019年2月、三菱UFJ銀行は、米通貨監督庁（OCC）から、マネーローンダリング防止の内部管理態勢が不十分との指摘を受け、改善措置を講じることで同庁と合意（日経新聞電子版2019年2月22日）
- 2019年4月、三井住友銀行は、米ニューヨーク連邦準備銀行から、マネーローンダリング防止に関する内部管理が不十分との指摘を受け、改善措置を講じることで同連銀と合意（日経新聞電子版2019年4月26日）
- 2019年9月、英ブリティッシュアラブ商業銀行は、米当局（OFAC）との間で、経済制裁関連法令違反を理由に400万ドルの罰金を支払うことで合意。
- 2020年9月、オーストラリアのウェストパック銀行は、海外送金に関する報告漏れや顧客リスク評価不備等の法令等抵触を理由として、13億豪ドルの罰金の支払を合意。2021年8月、同行のニュージーランド法人は、ニュージーランド準備銀行から、マネロン・テロ資金供与対策違反の取引が8000近く見つかった旨の警告を受ける（報告義務の懈怠）。
- 2019年10月、ハルクバンク（トルコ国営銀行）は、米司法省（検察当局）から、イラン制裁逃れに関与したとして、詐欺、マネロン、制裁措置違反等で刑事起訴を受ける。
- 2020年2月、スイスに本部を置くSITA（国際高級情報通信機構）は、米財務省（OFAC）との間で、780万ドルの課徴金の支払を合意。SITAは、航空機の運航上必要不可欠なデータ通信技術を通じて、空の安全および定時性の確保に寄与している非営利団体。2013年から2018年の間、米国に

よる制裁対象となっているシリア・アラブ航空他にデータ通信サービスを提供したことが、米国法令違反とされたとのこと（米国製のソフトウェアの使用が米国人の関与と見做されたもの）。

・2020年3月、スウェーデン大手銀行のスウェドバンクは、スウェーデン当局から40億クローナ（約480億円）の罰金を科される。2021年5月、同行は、ナスダック・ストックホルムから、4660万スウェーデンクローナ（約6億円）の罰金を科される。実質的支配者の確認が不適切であり、ロシアの非居住者から年間200億ユーロに上る疑わしい取引をエストニア経由で処理していたとのこと。

・2020年6月、独コメルツバンクのロンドン支店は、英国当局（FCA）から、マネロン管理態勢の脆弱性及び改善の遅れを理由に、3780万ポンド（50億円相当）の過料支払を命じられた。

・2019年11月、米Apple, Incは、米財務省（OFAC）との間で、取引スクリーニング手続の不備によりOFAC制裁対象者（アプリ開発業者）と取引を行ったとして、46万7000ドル（約4900万円）の過料を支払うことで合意。スクリーニングシステムが大文字小文字の違いを検知できなかったこと等による検知漏れが指摘される。

・2020年7月、米Amazon Com, Inc.は、米財務省（OFAC）との間で、取引スクリーニング手続の不備により複数のOFAC法違反取引を行ったとして、13万4523ドル（約1400万円）の過料を支払うことで合意。取引スクリーニングシステムが制裁対象国の都市名を検知できていなかったことが指摘される。

・2021年2月、米Bitpay（プラットフォーム運営会社）は、米財務省（OFAC）との間で、クリミア地域、キューバ、北朝鮮、イラン、スーダン、シリアに所在すると思われる人物に（IPアドレスや位置情報を有していたにもかかわらず、）加盟店との取引を認めていたとして、50万7375ドルの和解金支払を合意。

・2021年3月、英National Westminster Bank：Nat Westは、英当局（FCA）から刑事訴追を受ける。法人顧客（1社）の口座について、約3億6500万ポンド（約550億円）が入金されて資金洗浄への利用が疑われたにもかかわらず、十分な監視や調査をしていなかったとのこと。

・2021年3月、伊Nordgas, S.r.l.社（ガスボイラーシステム会社）は、米財務省（OFAC）との間で、イラン規制への違反を理由として、95万ドルの和解金支払に合意（和解金のうち65万米ドルは、財務協共闘に鑑み、コンプライアンス遵守の取組が完了するまで保留となる。）。

・2020年6月、スウェーデンのセブバンクは、バルト諸国にある子会社のマネロン対策不備、同社に対するガバナンス不十分で10億クローナ（約125億円）の罰金が科された。

・2021年8月、英Bank of Chinaは、米国当局（OFAC）から、過去の経済制裁関連法令（スーダン制裁）違反（現在、当該制裁は解除されている。）を理由に、約233万ドルの和解金支払を合意。

・2022年12月、デンマーク大手ダンスケ銀行は、ロシアなどにいる高リ

スク顧客に対して資金洗浄を事実上持ち掛け、2120億ドルを不正に米金融システムにアクセスできるようにしたとの被疑事実につき、銀行詐欺の罪を認め、罰金20億ドルの支払に合意（米証券取引委員会 (SEC) による民事調査についても、民事制裁金及び不当利得として4億1300万ドルを支払うことで和解）

③ マネーローンダリング対策についての顧客説明

　マネーローンダリング対策に対する国際的な目線の厳格化にキャッチアップすることは、日本の金融機関にとって喫緊の課題です。

　しかし、マネーローンダリング対策を高度化すると、顧客に不便をかける場面も出てきます。原則として、**マネーローンダリング対策と顧客利便性は、あちらを立てればこちらが立たず（トレードオフ）の関係にある**といえます。そのため、マネーローンダリング対策を実行するに当たっては、顧客と接点をもつ**第1線の担当者（以下「第1線担当者」といいます）は、顧客に対してなぜマネーローンダリング対策が必要なのかを説明できる必要があります**（金融庁が次のような広報資料を公表しています）。

　顧客に対して自信をもって説明をするためにも、マネーローンダリング対策に関する現在の状況を把握し、金融機関が行わなければならない事項を丁寧に理解していきましょう。

【広報資料①「金融機関窓口や郵送書類等による確認手続にご協力ください」】

金融機関窓口や郵送書類等による 確認手続にご協力ください

　金融庁・金融機関は、金融サービスを悪用するマネー・ローンダリング・テロ資金供与・拡散金融の対策（以下、マネロン等対策）に取り組んでいます。

　犯罪で得られたお金を多数の金融機関を転々とさせることで資金の出所をわからなくしたり、テロリスト等に容易にお金を送金されてしまうと、将来の犯罪活動やテロ活動を助長することになってしまいます。このため、年々複雑化・高度化するマネロン等の手口に対抗できるよう、金融機関では様々な確認手続を行うなどして、対応を進めています。犯罪組織やテロリスト等への資金の流れを止めることで犯罪やテロを未然に防止して、皆様の安心・安全な生活を守るとともに、皆様の預金や資産を守るため、ご理解とご協力をお願いいたします。

・金融機関から、お客さまの情報やお取引の目的等の定期的な確認を求められる場合がありますのでご協力をお願いいたします。

・取引の内容、状況等に応じて、過去に確認した氏名・住所・生年月日・職業等や、取引の目的等（法人の場合は、住所や事業内容、株主情報等）について、窓口や郵送書類等により再度確認を求められる場合があります。また、その際に、各種書面等の提示を求められる場合があります。

【確認を求められる事項の例】
個人の場合：氏名、住所、生年月日、職業等
　　　　　　取引の目的等
法人の場合：住所、事業内容、株主情報等、実質的支配者
　　　　　　取引の目的等

イラスト出典：政府広報オンライン

※法人の場合は、その法人を実質的に支配することが可能となる自然人（「実質的支配者（※）」と言います）も確認が求められます。

（※）実質的支配者については、「　　取引時確認の適正な実施について」をご確認ください

出典：金融庁ウェブサイト

3.金融機関の利用者にご理解いただきたいこと

このような状況を背景として、金融庁では、2018年2月に金融機関における実効的なマネロン等対策の基本的な考え方を明らかにした「マネー・ローンダリング及びテロ資金供与対策に関するガイドライン」を策定・公表するとともに、2021年2月には、「マネロン対策ガイドラインに関するよくあるご質問（FAQ）」を策定し、金融機関に求めるマネロン等対策の明確化を行いました。金融庁は、所管する金融機関に対し、2024年3月までにガイドラインで求めている対応について態勢の整備を完了するよう要請しています。

こうしたマネロン等対策の一環として、皆様が金融機関を利用する際に、従来よりも詳しい説明を求められたり、取引目的の確認、資産及び収入の状況等について従来は求められなかった資料の提出や質問への回答を求められたりする場合があります。

また、口座を開設するなどの取引時以外にも、金融機関から、取引内容等に応じて、過去に確認された利用者の情報（現在の住所や職業など。法人の場合は、事業内容や株主情報など）について、郵送書類や電話等で再度確認を求められる場合があります。

こうした確認は、年々複雑化・高度化するマネロン等の手口に対抗できるよう、金融機関が行っているマネロン等対策の一環です。利用者の皆様におかれましては、マネー・ローンダリングや、テロ資金供与等の防止のために、また、皆様の預金や資産を守るために必要な取り組みであることにつき、ご理解・ご協力をお願いいたします。

以下のような取引を行う場合、金融機関の判断により、本人確認書類の提示に加えて、取引内容や取引目的について追加的な確認を受けることがあります。

【取引の例】
- 多額の現金や小切手による取引
- 収入や資産等に見合わない高額な取引
- 短期間のうちに頻繁に行われる取引
- 当該支店で取引をすることについて明らかな理由がない取引
- 送金先、送金目的、送金原資等について不明瞭な点がある取引

※上記は例示であり、実際には各金融機関が取引・利用者ごとに個別具体的に判断するものです。

イラスト出典:政府広報オンライン

個人の方が金融機関を利用する際に、次のような確認を求められる場合があります。

- 取引の内容、状況等に応じて、過去に確認した氏名・住所・生年月日や、取引の目的等について、窓口や郵送書類等により再度確認を求められる場合があります。また、その際に、各種書面等の提示を求められる場合があります。

【確認を求められる事項の例】
・氏名、住所、生年月日、職業等
・取引の目的等

イラスト出典:政府広報オンライン

法人が金融機関を利用する際に、次のような確認を求められる場合があります。

- 法人の場合においても、取引の内容、状況等に応じて、過去に確認した住所や事業内容、株主情報等について、窓口や郵送書類により再度確認を求められる場合があります。また、その際に、各種書面等の提示を求められる場合があります。

- また、その法人を実質的に支配することが可能となる自然人（「実質的支配者（※）」と言います）も確認が求められます。

- 実質的支配者については、職業や居住国等の確認を求められる場合があるほか、取引によっては、氏名・住所・生年月日等を書面等により求められたり、実質的な支配者の確認のため株主名簿等の書類を求められることがあります。

出典：金融庁ウェブサイト

Q1-1 マネーローンダリングとは？

> "マネーローンダリングを防ぐ"と言われても、そもそもどのような行為がマネーローンダリングに当たるのかが分かりません。また、取引時確認とマネーローンダリング対策の関係もよく分かりません。いったい、何を防ぐために、なぜ取引時確認等が必要なのですか。

1 マネーローンダリングとは
―濃いグレーから薄いグレーに―

マネーローンダリングは、資金洗浄とも訳され、一般に、犯罪によって得た収益を、その出所や所有者が分からないようにして、捜査機関による収益の発見や検挙を逃れようとする行為をいいます。これには、犯

罪による収益（犯罪収益）をそれと分からないように処理する様々な行為が含まれます。犯罪行為で得た資金を正当な取引で得た資金のように見せかける行為や、口座を転々とさせたり金融商品や不動産、宝石などに形態を変えてその出所を隠したりする行為がこれに当たります。

　しかし、そもそも犯罪収益がそれと分かる状況というのは、どのような状態を言うのでしょうか。詐欺師に騙されて現金を渡してしまった人が、手渡した紙幣の記番号をメモしている場合は稀でしょう。詐欺で騙されて指定された預貯金口座に振込みを行った場合であれば、振込先の口座の中に入っている金額が犯罪収益だと分かるといえます。それでも、振込先の口座から金額の出入りが頻繁になされている場合には、犯罪収益が今もその口座に残っているのか、別のところに移転してしまったのか、容易には判断できません。

　犯罪収益は、マネーローンダリングによるまでもなく、もともと非常に判別が難しいものなのです。なんとか犯罪収益だと判断できそうなお金であっても、複数の口座間でランダムな金額を数回動かすだけで、もうどれが犯罪収益であると断言することは難しくなってしまいます。

　マネーローンダリングは、真っ黒なお金を真っ白にする作業ではなく、濃いグレーを薄いグレーに変えていく作業であり、その作業は実は難しいことではないのです。

　そこで、**日本では、犯罪収益に関する事実を隠ぺいしたり仮装したりする行為を犯罪化するとともに**（組織的犯罪処罰法第 10 条及び麻薬特例法第 6 条、いわゆるマネーローンダリング罪）、**犯罪収益の移転自体の防止を目的とした犯罪収益移転防止法が制定されています**。

❷ マネーローンダリングを未然に防止するために何ができる？

　マネーローンダリングは、口座振込みをするだけでも行うことができます。しかもマネーローンダリングをしようとする者が犯罪収益であることが露見しないように、また犯罪の検挙を逃れるために、あらゆる手

段と知恵を使ってきますので、金融機関がこれを完全に防止することは不可能又は極めて困難だといえます。

　では、マネーローンダリングを未然に防止するために、金融機関には何が求められているのでしょうか。

　それは、資金の流れの透明性（追跡可能性）を向上させることです。つまり、金融機関のサービスによって資金が動かされる場合に、どこから来た、誰の資金が、何のために、どこに行くのかを、なるべく把握することが求められています。

　また、金融機関によるマネーローンダリング対策の最終的な目的は、資金の流れの透明性を向上させることによって、犯罪収益がどこにあるかがなるべく分かりやすい金融システムを作り、ひいては犯罪の起きにくい社会を作るという点にあります。

　資金の流れの透明性の向上のため、金融機関は、口座名義人の氏名等という基本的なところから、法人口座を利用して私的な資金が動かされていないかの確認まで、様々なレベルでの確認を行うことが必要になります。

　これらの確認を通じて、マネーローンダリングをしようとした者が不自然に資金を動かした場合には、その不自然さが浮き彫りにされ、警察との連携によって、犯罪収益の捕捉及び犯人の検挙につながるはずです。この金融機関による確認が、**犯罪収益移転防止法で求められている取引時確認と、金融庁ガイドラインにより求められる追加的な確認**になります。

コラム 1-1

マネーローンダリングの３つの段階

マネーローンダリングを３段階に分ける考え方も有名ですので、ご紹介します。もっとも、あくまで典型的なマネーローンダリングの手口を説明したものであり、厳密に３つに分けることができない手法や１段階しかない素朴な手口など、様々なマネーローンダリングがあることにご留意ください。

１　プレースメント（Placement）

マネーローンダリングにおいて、最初に犯罪収益を動かし、金融システムに取り込んだり、合法的な商取引の流れに取り込んだりする段階は、プレースメント（Placement）と呼ばれます。現金や他人名義の口座などが多く使われるとされています。

２　レイヤリング（Layering）

金融システム等に取り込んだ犯罪収益について、出所を分からなくする様々な処理をする段階のことを、レイヤリング（Layering）と呼びます。

３　インテグレーション（Integration）

インテグレーション（Integration）と呼ばれる段階では、もともと犯罪収益であった資金が表の経済に統合されます。

Q1-2 マネーローンダリング・テロリストへの資金供与をする人はどんな人？

当行では、暴力団員やテロリストと取引を行わないよう定期的にスクリーニングを行っています。顧客には暴力団員もテロリストもいないのですから、マネーローンダリングやテロリストへの資金供与の心配はあまりないですよね。

① そもそも「犯罪による収益」って？

　マネーローンダリングを行う人は、犯罪による収益（犯罪収益）を保有している人です。では、そもそも「犯罪による収益」とは何でしょうか。

　代表的なものは、詐欺や窃盗によって犯人に取られてしまったモノです。金銭に限らず、貴金属・宝飾品などの物も広く含まれます。

　また、**公務員に対する賄賂（わいろ）も、立派な犯罪**（贈収賄罪。刑法第 197 条から第 198 条まで）**ですので、受け渡された賄賂は犯罪収益に当たります**。同様に、**脱税も犯罪行為ですので**（所得税法第 238 条、法人税法第 159 条など）、**脱税により得られた資金は、犯罪収益に当たります**（組織的犯罪処罰法第 2 条第 2 項第 1 号イ）。

　ほかにも、マネーローンダリングの観点から重要なものとして、テロリストに提供され又は提供しようとされる財産も、犯罪収益に該当し（組

織的犯罪処罰法第2条第2項第4号）、テロリストに提供された財産であることを分かりにくくする行為は、マネーローンダリング罪に当たる（同法第10条第1項）とされています。賄賂と同様に、テロリストへの資金供与自体が犯罪行為とされているためです（「公衆等脅迫目的の犯罪行為のための資金の提供等の処罰に関する法律」（いわゆるテロ資金供与処罰法）第3条から第5条）。この際、テロリストに資金を供与するのは、テロリストに限られないことに注意が必要です。友人かも知れませんし、家族かも知れませんが、資金供与者はまっとうに働くサラリーマンだったり農家だったりすることがあり得ます（なお、テロ資金供与の防止が国際的な急務であること、テロリストに供与される前は犯罪収益ではないことを踏まえれば、テロ資金供与は、一般のマネーローンダリングとは異なるものといえます。そのため、マネーローンダリングとテロ資金供与を、それぞれ異なる同列のものとして併記する例が多いですが、本書においては、両者をあわせて単に「マネーローンダリング」と呼ぶこととします）。

　以上のように、**犯罪収益は非常に幅広く、暴力団員やテロリストだけがこれを保有していると考えることは、間違いです。**

❷ マネーローンダリング・テロリストへの資金供与をする人は優良顧客？

　マネーローンダリングをする人は、なるべく金融機関に不審に思われないよう、普通の顧客のふりをしています。

　金融機関は、与信リスクの観点から資金のない顧客との取引には慎重になりますが、資金を持っている顧客との取引については、与信リスクの観点からのチェックは働きません。そうである一方で犯罪収益を保有している顧客は、潤沢に資金をもっている場合があります（犯罪収益だけを保有しているケースもあれば、犯罪収益は保有資産の一部にすぎずまっとうな収益をたくさん持っているというケースもあります）。

　いわば、**マネーローンダリングを行う者は、金融機関にとっては、「優**

良顧客」であることが少なくありません。

　このような場合には、（与信リスクとは全く別の観点である）マネーローンダリングのリスクを意識して慎重に確認し、適切に対応する必要があります。

Q1-3 なぜ金融機関の課題とされているのですか？
マネーローンダリング対策が社会的に大きな課題であることは分かりますが、なぜ金融機関がその対応をしなければならないのですか。

❶ 規制の方向性についての国際的な合意

　マネーローンダリング対策は、資金の流れを透明化して、犯罪収益の追跡可能性を向上させることを目的とし、最終的には犯罪の起きにくい社会を作ることを目的としています（【Q1-1】参照）。

　かつては、それらは国（特に警察）が果たすべき役割であり、一民間金融機関に負わせるべき役目ではないのではという声もありました。しかし、金融機関が適切に確認・情報収集を行わなければ、警察が精度の高い情報を入手することもできません。また、金融機関による情報の選別を経ずに、警察が全ての情報を入手し精査することは、現実的ではありません。

　そこで、サミットやFATFなどの首脳会議・政府間会合において、関連情報を豊富に有する金融機関に主体的にマネーローンダリングに関する情報収集と届出を行わせる方向で規制をする旨が合意されています（【コラム 3-1】参照）。

❷ マネーローンダリングの道具として利用されるリスク

　また、マネーローンダリングとは、金融機関の商品・サービスを犯罪の道具として利用するものです。犯罪収益が不動産や宝石・貴金属等に変えられることもありますが、即時の換金が難しい場合もありますので、やはり犯罪収益を持つ者にとっても、預貯金などの金融サービスを利用して保管することが便利です。

　自身の商品・サービスを犯罪に利用させないための態勢は、コンプラ

イアンス（法令遵守）の観点から当然に各事業者に要求されます。

　加えて、ある銀行が確認を怠り、金融システムの中に犯罪収益が大量に流入してしまった場合には、その銀行の評判（レピュテーション）が下がることはもちろん、金融システム全体の信頼を揺るがすことになりかねません。

　また、仮にマネーローンダリング対策に不備があるとされた場合には、外国銀行よりコルレス契約を解除されるリスクや、送金の際に通常よりも厳格な手続が必要とされるおそれがあります。

　以上より、コンプライアンスや金融システムの健全性の観点からも、各金融機関は主体的にマネーローンダリング対策に取り組まなければならないのです。

③ 金融機関の主体的な取組への期待

　以上を踏まえ、現在金融機関には、金融サービスをマネーローンダリングに利用されるリスクを自身のリスクとして捉えて、主体的に対策を行うことが求められています。

　また、実際に顧客に接し、日々の取引を行う金融機関がマネーローンダリング対策に主体的に取り組み、アンテナを高く張ることにより、警察などの当局では把握できなかった精度の高い情報の取得が可能になります。このようにマネーローンダリングに利用されるリスクを効果的に低減し、犯罪の防止・検挙につなげていくことが期待されています。

　このような、より現場に近い方がより効果的な対策がとれるであろうという考え方は、金融機関の内部においてもあてはまります。従来は、マネーローンダリング対策は、管理部門（第2線）の業務であると考えられていた側面もありましたが、近時は、実際に顧客と接して日々の取引を行う営業部門（第1線）の主体的な取組が期待されています。営業部門（第1線）が、マネーローンダリングのリスクについて高いアンテナを張り、顧客とのリレーションを築く中で知り得た情報を前提に取引を検証することによって、はじめて実効性の高いマネーローンダリング対策を実践することができると考えられているのです。

実際に起きたマネーローンダリングの事例はどんなもの
Q1-4 がありますか?実際に起きているマネーローンダリング
の事例を教えてください。

1 国際的な詐欺事件におけるマネーローンダリング（多額の払戻し）

　日本で検挙されたマネーローンダリング事件（組織的犯罪処罰法違反（犯罪収益等隠匿）の罪）としては、海外の犯罪組織が、詐欺（取引先を装った偽りのメールの送信）により米国居住者をだまして日本国内の銀行（法人口座）に約1億1000万円の送金を行わせ、日本人の男が、正当な事業収益であるかのように装って当該資金の払戻しを行った事案があります。

【図：取引先を装った偽りのビジネスメールによる国際的な詐欺事件】

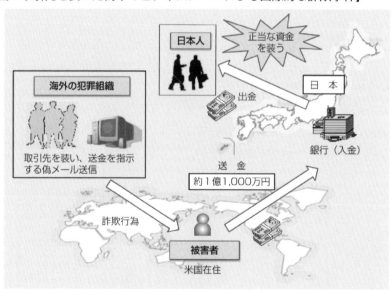

出典：警察庁「犯罪収益移転防止に関する年次報告書（令和2年）」

　平成 29 年、令和元年にもほぼ同様の事案が発生し日本人男性が検挙されています（被害者はフランスやアメリカの企業）。

　また同様のケースとして、国際的な犯罪組織による詐欺（取引先を装った偽りのメールの送信）によって被害者らが日本国内の銀行のナイジェリア人名義の口座に送金を行い、そのナイジェリア人と共犯の日本人女性が、正当な事業収益であるかのように装って払出した事案（組織的犯罪処罰法違反（犯罪収益等隠匿））も検挙されています。そのナイジェリア人は、複数の口座をもっており、数年間で計 51 回約 3 億円の送金を海外から受けており、払い戻した資金は、共犯の日本人の口座に入金されたり、海外に送金されたりしていました（警察庁「犯罪収益移転防止に関する年次報告書　平成 27 年」）。

❷ 無記名割引金融債やトラベラーズチェックが用いられた事案

　有名な事件として、暴力団員（五代目山口組傘下組織）であるヤミ金業者が行ったマネーローンダリングがあります。当該ヤミ金業者は、日本国内で犯罪収益により無記名割引金融債を購入し、当該割引金融債を国内の証券代行会社に持ち込んでその償還を受け、国内送金・国外送金を行いました。その償還金は、最終的に約 51 億円にもなり、欧州系外

五代目山口組傘下組織が敢行したマネー・ローンダリング事案

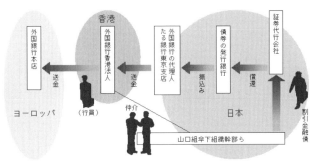

出典：警察庁「平成 17 年警察白書」

国銀行の香港支店の口座を経由して、当該外国銀行本店の口座に隠匿されました（警察庁「平成 17 年警察白書」）。

　また、日本の地域金融機関において、ロシア中古車販売業者との決済のために多量の米ドル建てトラベラーズチェックを持ち込んだ事例も報告されています（少なくとも 3 年間にわたり、多いときで 1 日 50 万ドル以上の決済がされていたとのことです。2013 年 10 月 28 日付け米国上院小委員会報告書）。この件においては、実際に背後で犯罪が行われていたかどうかは不明なようで、法令違反があった訳でもないようですが、対象となった地域金融機関は、複数の外国銀行からコルレス契約を解除されました。

❸ 北朝鮮への送金が疑われるケース

　海外送金取引において、後に北朝鮮との関連があった疑いが浮上するケースもあります。報道では、ある信用金庫において、顧客と送金先双方が実態のない企業である海外送金が 2 年間で約 19 億円あり、送金先に北朝鮮関連の企業が含まれている可能性があるとして、金融庁が立入検査を行いました（日本経済新聞電子版 2018 年 9 月 1 日）。

　また、自行の別の支店の顧客（僚店顧客）が来店し、香港の会社に数億円の送金がなされ、後に送金先が北朝鮮関連の会社と疑われる（役員の 1 人が制裁対象者である可能性が生じる）事案も報道されています。

Q1-5 反社会的勢力排除とマネーローンダリング対策とは、どのような関係にあるのですか？

反社会的勢力排除（いわゆる反社対応）とマネーローンダリング対策とは、同じことなのでしょうか。それとも、違うものなのでしょうか。

1 反社会的勢力との取引謝絶・関係解消の要請

　反社会的勢力排除においては、取引謝絶・関係解消自体が要請されています。すなわち、顧客が反社会的勢力であると判明した時点や反社会的勢力であるとの疑いが生じた時点で当該顧客との取引を解消して関係を遮断すべきとされています。

　一方でマネーローンダリング対策自体は、本人特定事項の確認や疑わしい取引の届出等の要請を中核とし、必ずしも取引関係の遮断を求めない場合もあります。ですので、両者はそれぞれ別の制度であるといえます。

　反社会的勢力排除の要請は、平成19年（2007年）に犯罪対策閣僚会議幹事会申合せとして政府により策定された「企業が反社会的勢力による被害を防止するための指針」（いわゆる「政府指針」）に基づくほか、

各都道府県の暴力団排除条例においても各事業者の努力義務として規定されています。

また、金融業界では、各監督指針においても、反社会的勢力による被害防止のための態勢整備が求められています（主要行等向け監督指針、中小地域金融機関向け監督指針等）。

❷ 反社会的勢力排除とマネーローンダリング対策の関連性

一方で、反社会的勢力は、資金獲得活動として様々な犯罪行為を行っており、犯罪収益を多く保有しています。そのため、反社会的勢力は、マネーローンダリングを行う可能性が非常に高い属性であるといえます (注)。

よって、マネーローンダリング対策の観点からも、**顧客が反社会的勢力であると判明した場合には、取引謝絶を含めたリスク低減措置の検討をする必要があります**。

この点で、反社会的勢力排除の要請とマネーローンダリング対策とは、強い関連性を有するものといえます。

（注）　国家公安委員会が毎年公表している「犯罪収益移転危険度調査書」（令和4年12月）では、「暴力団は、経済的利得を得るために反復して犯罪を敢行しており、獲得した犯罪収益について巧妙にマネー・ローンダリングを行っている。」「令和元年から令和3年までの間の、疑わしい取引の届出件数は140万2,844件で、そのうち、暴力団構成員等に係るものは17万6,753件で、全体の12.6%を占めている。」「令和元年から令和3年までの間の、マネーローンダリング事犯の検挙事件は1,769件で、そのうち、暴力団構成員等の関与が明確になったものは180件であり、全体の10.2%を占めている。」と記載され、反社会的勢力（暴力団）との取引がマネーローンダリングにつながる危険度が高いことを強調しています。

　　　また、金融庁が公表する疑わしい取引の参考事例（疑わしい取引に該当する可能性のある取引として特に注意を払うべき取引の類型を例示したもの）では、「暴力団員、暴力団関係者等に係る取引」が挙げられてい

ます（疑わしい取引の参考事例（預金取扱金融機関）第8（10））。

3 コンプライアンスの問題としての共通性

　反社会的勢力排除（民事介入暴力対応）は、もともとは、暴力団の威嚇力や暴行、脅迫等を背景とした不当要求について断固たる態度で拒絶することに力点が置かれていたものと思われます（最判平成18年4月10日・民集60・4・1273 蛇の目ミシン事件参照（平成元年から平成2年頃の利益供与事件））。犯罪組織に利益を供与すべきでない点は、コンプライアンスの観点から当然です。その後、反社会的勢力と知りつつ関係を持つこと自体が（反社会的勢力の活動の助長につながるものとして）社会的に強い非難の対象となり、上記のとおり取引謝絶・関係解消が政府指針等で求められるに至りました。

　マネーローンダリング対策も、コンプライアンスの問題、すなわち、金融機関が犯罪者・犯罪組織に利用され犯罪収益の拡大に貢献することを防ぐための態勢整備の一環として取り組まれるべきものです。マネーローンダリング対策と反社会的勢力排除は、コンプライアンスの問題であるという点で通底しているものと考えられます。

　また、反社会的勢力（暴力団）は、資金獲得活動を巧妙化・多様化させてきており、特に、近年（この15年ほど）は、暴力団構成員や暴力団準構成員の数が連続して減少する一方で、暴力団と強い結びつきがありながら正式に組織に所属しない者（共生者、密接交際者、半グレなど）が増加しています。

　このような活動の巧妙化・不透明化に対応するためには、反社会的勢力排除の要請に応えるためにも、マネーローンダリング対策におけるのと同様に、データベースや信頼に足る資料を利用して、顧客の素性や資金の流れを透明化するための確認を行う必要があります。

　よって、反社会的勢力排除とマネーローンダリング対策とは、別の制度ではあるものの、両者の連携を行いつつ対応することがより効果的です。

マネーローンダリング対策と隣接分野の関係─租税回避・脱税対策、個人情報保護

　マネーローンダリング対策は、いくつかの分野と密接に関連しています。

（1）　マネーローンダリング対策と同じ方向性の分野

　マネーローンダリング対策と同じ方向性の分野としては、反社会的勢力の排除と租税回避・脱税対策があります（反社会的勢力排除については、本文で触れたとおりです）。

ア　租税回避・脱税対策は、国境をまたいで資産を保有することで税務当局の目を逃れたり、脱税により得られた収益が外国に移転させられたりするおそれがあるため、マネーローンダリング対策と同様に、国際的に歩調を合わせた対応が必要です。

　　租税回避・脱税は、それ自体が犯罪行為となり得るものですので、マネーローンダリング対策とも密接な関係があるといえます（【Q1-2】参照）。租税回避・脱税対策から得られた情報やその視点を意識することは、マネーローンダリング対策においても有益です。

　　日本における租税回避・脱税対策の法制度としては、①国外送金等（金額にかかわらず、金融機関を利用して、国内から国外へ向けた支払を行うこと、又は国外から国内へ向けた支払の受領をすることをいいます）を行う金融機関の顧客に対して告知書（マイナンバーの記載が必要）の提出を義務づける国外送金調書法、②米国との情報連携を行うFATCA、及び、③OECDが策定した国際的な枠組みを導入した実特法（「租税条約等の実施に伴う所得税法、法人税法及び地方税法の特例等に関する法律」）とがあります。以下、②と③について、それぞれの概略を以下説明します。

イ　FATCA（「外国口座税務コンプライアンス法」）は、米国の法律ですが、米国外の金融機関に対して、米国民等が保有する金融口座の情報を米国政府に提供することを求める内容となっています。米国外の金融機関は、顧客（口座保有者）が米国民等か否かを確認し、米国民等である場合には氏名、住所、社会保障番号等を取得するも

のとされており、米国民等である顧客の同意を得た上で、米国政府に口座情報を提供することとされています。

　円滑な運用のため日米両政府により共同声明が公表され、日本の金融機関は、当該声明に従えば、非協力的な米国民等の口座への源泉徴収や口座閉鎖の義務など一定のFATCA上の義務が免除されることとされています（「米国のFATCA実施の円滑化と国際的な税務コンプライアンスの向上のための政府間協力の枠組みに関する米国及び日本による共同声明」（2012年6月21日）、「国際的な税務コンプライアンスの向上及び米国のFATCA実施の円滑化のための米国財務省と日本当局の間の相互協力及び理解に関する声明」（2013年6月11日、12月18日））。

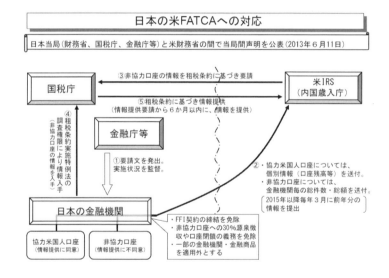

出典：財務省 税政調査会（国際課税DG③）自動的情報交換について（平成26年4月4日）

ウ　日本では、米国以外の国との情報連携について、いわゆる実特法（「租税条約等の実施に伴う所得税法、法人税法及び地方税法の特例等に関する法律」）に基づき、「非居住者に係る金融口座情報の自動

的交換のための報告制度」が導入されています（2017 年 1 月 1 日より施行）。

　これは、OECD が策定した金融口座情報の自動的情報交換の国際的基準である「共通報告基準（CRS）」を一部修正したものです。金融機関は、預貯金口座開設の取引などの際に、氏名・住所・生年月日（法人の場合には、名称、所在地、実質的支配者）、税務上の居住地国、（それが外国の場合には）外国の納税者番号等の確認を行うことが必要とされ、毎年、所轄税務署長宛てに、特定の非居住者の金融口座情報を報告するものとされています。報告された金融口座情報は、租税条約等の情報交換規定に基づき、各国税務当局と自動的に交換されることになります。

（2）　マネーローンダリング対策の要請と衝突することがある分野

　一方で、マネーローンダリング対策の要請と衝突することがある分野もあります。

　例えば、個人情報保護法は個人データの第三者提供を制限していますが、顧客情報の透明性を確保しようとするマネーローンダリング対策の要請とはバッティングする場面があります。

　顧客がマネーローンダリングを行っていることが明らかになった場合には、当該顧客の情報を各行や各事業者で連携することは、「財産の保護のために必要がある場合であって、本人の同意を得ることが困難であるとき」（個人情報保護法第 27 条第 1 項第 2 号）に当たると考えられますが、それ以外の場合には、**同意又は法令に基づかない限り、原則として第三者に個人データを提供することはできません。**

　マネーローンダリング対策の要請として、多くの情報を収集して、各金融機関において疑わしい点がないか確認することが求められていますが、別法人（グループ会社の別法人や他行など）との情報連携に当たっては、情報保護の観点からの検討も不可欠です。

Q1-6 FATF の相互審査って何ですか？

FATF とは何ですか？また、FATF の「相互審査」とは、どのようなものでしょうか。

1 FATF とは

FATF（金融活動作業部会：Financial Action Task Force）とは、G7 サミット（1989 年のアルシュサミット）に基づき設立された政府間会合であり、OECD（経済協力開発機構）内に事務局が置かれている組織です。

FATF の現在の主な活動内容は、以下のとおりです。

①マネーローンダリング対策、テロ資金供与対策及び他の関連する国際金融システムのインテグリティへの脅威に関する国際基準（FATF 勧告。勧告項目の数から「40 の勧告」とも呼ばれます）の策定及び見直し、並びに効果的な対策手法の推進
② FATF に参加する国・地域相互間における FATF 勧告の遵守に関する進捗状況の監視（相互審査）
③ FATF 非参加国・地域における FATF 勧告遵守の推奨
④マネーローンダリング・テロ資金供与の手口・技術及び対策手法に関する研究

FATF への参加国・地域等は、37 か国及び 2 つの国際機関のみですが（日本は設立当初からの参加国です）、FATF と同様の役割を担う FATF 型地域体（FATF 勧告遵守の推奨や相互審査を行います）が地域ごとに 9 つ存在しており、FATF 勧告は、それらの地域体に所属する 200 以上の国・地域において適用されています（2023 年 5 月現在）。

❷ FATF 相互審査とは

　FATF 相互審査とは、FATF が加盟国などにより構成される審査団を派遣して、審査対象国における FATF 勧告の遵守状況について相互に審査する制度です。2012 年に改定された新しい FATF 勧告を前提とした相互審査（第 4 次相互審査）が、2014 年から順に開始されています。

　審査対象国は、自国におけるマネーローンダリング対策について申告書を提出するなど、書面での審査に応じる必要があります。

　相互審査報告書の採択後には、フォローアッププロセスが始まり、不備が認められた点について是正をすることが求められます（審査結果の採択から約 3 年後にフォローアップ状況の報告が行われることとされ、採択から約 5 年後にフォローアップ審査がなされることとされています）。

　日本の第 4 次相互審査は、2019 年に開始され、2021 年 6 月の FATF 全体会合（総会）での審議を経て、相互審査報告書が採択されました。

　2019 年の秋には、FATF の審査団が訪日し、個別の金融機関に対するヒアリング等による現地調査（オンサイト審査）が行われました。オンサイト審査先に選定された金融機関は、いわば日本代表として FATF 審査団に対して自らのマネーローンダリング対策に関して説明を行います。

Q1-7 日本の FATF 第 4 次相互審査の結果は悪かったのですか？

2021 年に公表された日本の FATF 第 4 次相互審査の結果が悪かったとの新聞報道を見ましたが、実際にはどのような評価なのでしょうか。

---

1 FATF 第 4 次相互審査の結果公表

　2021 年 8 月 30 日、日本の第 4 次相互審査の結果が公表されました（同年 6 月の全体会合（総会）で採択されたもの）。

　結果としては、日本は重点フォローアップの対象となり、日本政府は、5 年後のフォローアップ審査の前に 3 回程度の報告を行うことが必要となりました（政府としては毎年報告することを考えているとのことです）。また、相互審査の結果（レポート）には、非常に要求水準の高い内容が書かれています。そのため、新聞などでは、第 4 次相互審査の結果が悪かったという報道がなされました。

　もっとも、第 4 次相互審査では、重点フォローアップの対象となっている国の方が圧倒的に多く、FATF 加盟国で第 4 次相互審査が終わっている 30 か国のうち、通常フォローアップとなった国は 8 か国しかありません。また、相互審査結果の要求水準が高い点も、他国においても同様です。

　これらの点を踏まえると、日本の第 4 次相互審査の結果は、実際には、少なくとも他国並みであり、また 2008 年に実施された第 3 次相互審査と比較すれば著しい改善がみられるものです。

　審査結果を採択した 6 月の全体会合（総会）でも、「日本は、マネロン・テロ資金供与対策の成果を上げていると結論付けられた。日本は、マネロン・テロ資金供与リスクを理解・特定・評価していること、金融情報を収集及び利用していること、国際的なパートナーと協力していること

について、良い結果を示している。しかしながら、日本は、金融機関等の監督及び予防措置、法人等の悪用防止、マネロン・テロ資金供与の捜査・訴追などの特定分野において優先的に取り組む必要がある。」といった議長声明が出されており、**マネーローンダリング対策の取組が総論的には評価されたものの、一部重要な課題が残っているというのが全体的な評価といえます。**

② 第4次相互審査結果の内容

FATFの第4次相互審査の審査項目は、大きく分けて2つのグループに分けることができます。1つがFATF勧告の40項目について法的拘束力のある形で立法手当てがなされているかの審査（法令等整備状況の審査。Technical Compliance）であり、もう1つがFATFが定める11項目の「直接的な効果」（Immediate Outcomes）に沿ってマネーローンダリング対策の実現度・有効性を審査するものです（有効性の審査【コラム1-3】）。それぞれ審査において、項目ごとに4段階での評価がなされます（法令等整備状況審査はC（履行）、LC（概ね履行）、PC（部分的履行）、NC（不履行）の4段階、有効性審査はHE（高度）、SE（相当程度）、ME（中程度）、LE（低度）の4段階での評価です）。

法令等整備状況審査及び有効性審査について、日本の項目ごとの審査結果は、表1のとおりでした。4段階評価のうち悪い方の2段階（法令等整備状況審査ではPCとNC、有効性審査ではMEとLE。「不合格水準」といわれることもあります）となった項目が一定以上の数あると、重点フォローアップの対象となります（その数が更に多いと監視対象国プロセスという国をグレイリスト・ブラックリストに入れるべきかを審査する手順が開始します）。表1の「結果」の欄に網掛けされているものが、日本がいわゆる「不合格水準」となった項目です。

【表1　項目ごとの日本の第4次相互審査の結果】

法令等整備状況審査　項目		結果
R1	リスク評価とリスクベースアプローチ	LC
R2	国内関係当局間の協力と協調	PC※
R3	MLの犯罪化	LC
R4	犯罪収益の没収・保全措置	LC
R5	TFの犯罪化	PC
R6	テロリストの資産凍結	PC
R7	大量破壊兵器拡散防止・制裁	PC
R8	非営利団体(NPO)の悪用禁止	NC
R9	FIsの守秘義務と勧告実施	C
R10	FIsの顧客管理措置	LC
R11	記録の保存	LC
R12	重要な公的地位を有する者	PC
R13	コルレス銀行業務	LC
R14	送金サービス提供者の規制	LC
R15	新しい技術の悪用防止	LC
R16	電信送金	LC
R17	顧客管理措置の第三者依存	N/A
R18	グループ内部管理方針の整備	LC
R19	リスクの高い国・地域	LC
R20	FIsの疑わしい取引の届出	LC

法令等整備状況審査　項目		結果
R21	内報禁止及び届出者保護	C
R22	DNFBPsの顧客管理措置	PC
R23	DNFBPsの疑わしい取引届出	PC
R24	法人の透明性及び真の受益者	PC
R25	法的取極の透明性・真の受益者	PC
R26	FIsへの規制と監督	LC
R27	監督当局の権限	LC
R28	DNFBPsへの規制と監督	PC
R29	FIUの設置	C
R30	ML・TFの捜査	C
R31	捜査関係資料の入手義務	LC
R32	キャッシュクーリエへの対応	LC
R33	統計の整備	LC
R34	ガイドラインの策定と還元	LC
R35	義務不履行に対する制裁	LC
R36	国連関連文書の批准	LC
R37	法律上の相互援助(国際協力)	LC
R38	法律上の相互援助:凍結・没収	LC
R39	犯人引渡し	LC
R40	その他の形態の国際協力	LC

有効性審査　項目		結果
1	リスクの認識と国内の協調	SE
2	国際協力	SE
3	FIs・DNFBPsの監督	ME
4	FIs・DNFBPsの予防措置	ME
5	法人・法的取極の悪用防止	ME
6	金融機関情報等の活用	SE
7	MLの捜査・訴追・制裁	ME
8	犯罪収益の没収	ME
9	TFの捜査・訴追・制裁	ME
10	テロ資金供与の防止・制裁	ME
11	大量破壊兵器拡散関与者への制裁	ME

【重点フォローアップの対象】
・PC/NCが計8個以上、又は重要勧告(R3,5,10,11,20)の1個でもPC/NCの場合、or
・ME/LEが計7個以上、又はLEが4個以上の場合
【監視対象国プロセスの対象】
・PC/NCが計20個以上、又は重要勧告(R3,5,6,10,11,20)の3個以上がPC/NCの場合、or
・ME/LEが9個以上(かつLEが2個以上)の場合、又はLEが6個以上の場合

出典：FATF「Mutual Evaluation Report Japan」（2021年8月）14頁を基に作成。
なお、FIsは金融機関を、DNFBPsは特定非金融機関（宝石貴金属業者、宅地建物取引業者、職業専門家等）を指します。また、MLはマネーローンダリング、TFはテロ資金供与を意味します。
※ 2022年9月13日付けFATF対日相互審査フォローアップ報告書（第1回）において再評価が行われ、LCに格上げされました。

　項目ごとに特筆すべき点を見てみると、法令等整備状況審査については、第3次相互審査でNC（不履行）の評価を受けた「勧告10　FIsの顧客管理」について、LC（概ね履行）という良い評価を得ている点が挙げられます。また、NC（不履行）の評価が1項目に過ぎない点も良い側面です。一方で、法人の真の受益者（実質的支配者）の確認方法や重要な公的地位を有する者（PEPs：Politically Exposed Persons）の範囲については、大幅な改善が求められています。

　また、有効性審査については、LE（低度）という評価を受けた項目が1つもない点は、良い側面といえます。一方で、不合格水準となった項目数は少なくありません。また、当局による監督（IO3）及び金融機関等による予防措置等の実施（IO4）については、ME（中程度）とい

う評価であり、これ自体は他国並みではあるものの、具体的な内容にお
いて、当局による検査や処分の数を増やすことや取引モニタリングシス
テムの大幅な見直しが求められており、金融機関への影響は大きいと考
えられます。

　なお、主要国がFATFの第4次相互審査結果（フォローアップ前の
もの）で不合格水準（4段階中の悪い方の2段階）となった項目の数の
分布を示すと、以下の表2のとおりです。2022年4月にFATFが第4
次相互審査の振り返りとして公表した「FATF勧告等の有効性と遵守
状況に関する報告書」では、各国の法令等整備状況が大幅に改善してい
るとして一定の評価が示されておりますが（ただし、有効性審査につい
ては、依然として大きな課題に直面していることが指摘されています）、
今後の更なる改善が望まれるところです。なお、第5次相互審査時にお
いては通常フォローアップ、重点フォローアップの基準の変更も検討さ
れています。

【表2　主要国における不合格水準となった項目の個数】

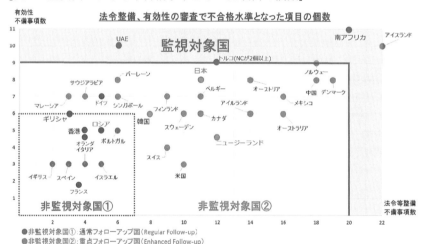

出典：財務省国際局　関税・外国為替等審議会外国為替等分科会配布資料（令和元
年6月14日）。なお、トルコ、ギリシャ、ドイツ、フランス、オランダ、香港、ロ
シア、UAE（非FATF加盟国）、韓国、ニュージーランド、日本及び南アフリカは
筆者が追記しました。

❸ 「優先して取り組むべき課題」及び「勧告事項」

　FATFの第4次相互審査結果（2023年1月に全体の仮訳が公表され
ています）では、冒頭に「概要」（Executive Summary）がまとめられ
ており、その中では日本の「優先して取り組むべき課題」（Priority Actions）が挙げられています。また、有効性審査の各項目では、「勧告事項」
（Recommended Actions）が示され、日本が講じるべき事項が指摘され
ています。

　金融機関に関連する主要な事項を掲げると以下のとおりです（有効性
審査の第4項目（IO4 予防措置）及び第3項目（IO3 監督）の「勧告事項」
を中心にまとめています）。

　この優先課題及び勧告事項は非常に多岐にわたり、かつ要求水準の高
いものであり、約3年後のフォローアップ報告又は約5年後のフォロー
アップ審査までにこれらに対応することには、かなりの困難を伴うと予
想されます。また、当局による監督に係る事項（IO3）として、監督の
強化、監督活動の拡大、実際に制裁が適用されるようにすることなどが
求められており、IO3の改善・フォローアップのためには、実際に金融
機関等に対する処分を行うことも求められている状況です。

　対応期限の設定に関して、金融庁は、2021年4月28日、2024年（令
和6年）3月末までに金融庁ガイドラインの全ての「対応が求められる
事項」に準拠するよう期限を設定しました（IO4.d、IO3.f。【Q1-9】参照）。
そのほか、2022年12月に参議院で可決成立したFATF勧告対応法に
よる規制監督強化もあり、評価の引上げに向けた動きがみられます。

【表3　金融機関に関連する優先して取り組むべき課題及び勧告事項】

優先して取り組むべき課題	
a	金融機関によるマネーローンダリング対策に係る義務の理解及び適時かつ効果的な方法による導入・実施（IO4.a 関連）。その際には、事業者ごとのリスク評価の導入・実施（IO4.b 関連）、リスクベースでの継続的な顧客管理（IO4.e 関連）、取引のモニタリング（IO4.f 関連）、資産凍結措置の実施、実質的支配者情報の収集と保持を優先する。

| h | 対象者を指定した金融制裁を日本国内において遅滞なく（国連の安保理決議から概ね24時間以内に）実施するために必要な更なる改善（【第3章　はじめに】参照）。 |
| j | リスク評価の方法を引き続き改善し、マネーローンダリングリスクの包括的な理解を促進する（クロスボーダーリスク、法人等に関連するリスクに特に焦点を当てる）。 |

IO4. 金融機関の予防措置に係る事項

a	マネーローンダリングリスクに基づくコンプライアンス文化の変化を促すための適切な啓発、及び、研修の引き続きの実施、並びに、リスク及び義務のより良い理解の支援
b	全ての金融機関における自らの業務、商品、サービス、及び顧客に応じた適切なリスク評価の策定
c	金融庁ガイドライン（【Q1-9】参照）の高度化・改訂（3メガバンク向けのベンチマークの基準との統合。2021年2月の改訂で対応済み）、取引モニタリングシステムと適切な継続的顧客管理との関連性の明確化
d	金融機関の対応期限の適切な設定（2024年3月末との期限設定済み）
e	取引記録を考慮に入れた包括的、かつ、変化する顧客のリスク特性に基づく、顧客情報の検証方法の改善、及び、継続的顧客管理措置の完全履行
f	顧客管理データと取引モニタリングを統合した、適切かつ包括的な、情報システムの導入の確実な履行。取引モニタリングへの、金融機関の業務内容、特定されたリスク、並びに、顧客の取引パターン及びリスク特性、並びに、適切な検知シナリオに基づく取引モニタリング・パラメータの統合。

IO3. 当局による監督に係る事項

a	当局の人員配置の見直し及び監督強化の検討
b	リスクベースでの監督機能の強化
c	テロ資金供与に関するリスクベースのアウトリーチの実施。金融庁と財務省の合同検査の回数向上。
d	オンサイトとオフサイトを組み合わせたリスクベースアプローチによる監督活動の拡大・改善と対象範囲の拡大・深化
e	経済制裁に係る監督の財務省と他局との連携強化。金融庁ガイドラインに関する指針と好事例集の公表による金融機関の理解促進。

f	金融機関の対応期限の適切な設定（2024年3月末との期限設定済み）
g	効果的かつ比例的な制裁のための見直し及び実際に制裁が適用されるようにする。
h	監督当局における研修の強化
i	国と地方（財務局）の監督の連携強化

❹ フォローアップの計画・見通し

　FATF の相互審査においてはフォローアップが非常に重要であり、日本政府においても、（第3次相互審査ではフォローアップでの法改正が FATF から評価されずに日本の態勢整備が不十分であると公表されてしまったという教訓を活かし）審査結果の対外公表に先立ち、フォローアップのための省庁横断的な「行動計画」を策定し、省庁横断の政策会議を設置しています。また、内閣官房に「FATF 勧告関係法整備検討室」が設置され、必要な法整備の検討が行われています。

　「行動計画」の内容は、相互審査結果で改善を求められている事項に対応するものであり、多岐にわたりますが、特に金融機関に影響のあるものとしては、表4のようなものがあります。

　また、相互審査結果の公表に先立つ 2021 年 8 月 19 日の上述の政策会議の設置や同政策会議による 2022 年 5 月 19 日付け「マネロン・テロ資金供与・拡散金融対策の推進に関する基本方針」の公表、2021 年 9 月 17 日の法務省告示の発出（商業登記所での法人実質的支配者情報の保管制度。2022 年 1 月 31 日施行。【Q2-3】参照）、2021 年 10 月 13 日に開始した金融審議会での銀行等における取引モニタリング等の共同化の議論（2022 年 1 月 11 日付けで報告書が公表されています）など、既に改善に向けた複数の取組がなされています。

　改善が求められている当局による金融機関への監督に関しても、2021 年 6 月 18 日の骨太方針 2021（「金融業界の検査・監督体制等の強化や共同システムの実用化の検討・実施を含め、マネロン・テロ資金供与・拡散金融対策の強化に取り組む」）、2021 年 8 月 31 日の 2021 事務年度

金融行政方針（「検査要員の確保等により検査・監督体制を強化し、リスクが高いとされる業態を優先的に、リスクベースでの検査・監督を実施する」）2022 年 8 月 31 日の 2022 事務年度金融行政方針（「『マネーローンダリング及びテロ資金供与対策に関するガイドライン』で求めている対応を金融機関が 2024 年 3 月までに完了するよう重点的にモニタリングを行う」）などにより、検査数の増加などに向けた対応が着実に進められています。

【表 4 行動計画（抄）】

1. マネロン・テロ資金供与・拡散金融に係るリスク認識・協調

	項目	行動内容	期限	担当府省庁等
(1)	国のリスク評価書の刷新	マネロン、テロ資金供与及び拡散金融に対する理解を向上させるため、リスク評価手法の改善等によって、国のリスク評価書である犯罪収益移転危険度調査書を刷新する。	令和 3 年末	警察庁、財務省、金融庁、法務省、外務省、その他関係省庁

2. 金融機関及び暗号資産交換業者によるマネロン・テロ資金供与・拡散金融対策及び監督

	項目	行動内容	期限	担当府省庁等
(1)	マネロン・テロ資金供与・拡散金融対策の監督強化	マネロン・テロ資金供与・拡散金融対策に関する監督当局間の連携の強化、適切な監督態勢の整備するほか、リスクベースでの検査監督等を強化する。	令和 4 年秋	金融庁、その他金融機関監督官庁
(2)	金融機関等のリスク理解向上とリスク評価の実施	マネロン・テロ資金供与対策に関する監督ガイドラインを更新・策定するとともに、マネロン・テロ資金供与・拡散金融対策に係る義務の周知徹底を図ることで、金融機関等のリスク理解を向上させ、適切なリスク評価を実施させる。	令和 4 年秋	金融庁、その他金融機関監督官庁
(3)	金融機関等による継続的顧客管理の	取引モニタリングの強化を図るとともに、期限を設定して、継続的顧客管理などリスクベースでのマネロン・テロ資金供与・拡散金融対策の強化を図る。	令和 6 年春	金融庁、その他金融機関監督官庁
	完全実施			
(4)	取引モニタリングの共同システムの実用化	取引時確認、顧客管理の強化および平準化の観点から、取引スクリーニング、取引モニタリングの共同システムの実用化を図るとともに、政府広報も活用して国民の理解を促進する。	令和 6 年春	金融庁

4. 法人、信託の悪用防止

	項目	行動内容	期限	担当府省庁等
(1)	法人・信託の悪用防止	法人及び信託がマネロン・テロ資金供与に悪用されることを防ぐため、法人及び信託に関する適切なリスク評価を実施し、リスクの理解を向上させる。	令和 4 年春	法務省、警察庁
(2)	実質的支配者情報の透明性向上	全ての特定事業者が、期限を設定して、既存顧客の実質的支配者情報を確認するなど、実質的支配者に関する情報源を強化する。	令和 6 年春	法務省、警察庁、特定事業者所管行政庁
		株式会社の申出により、商業登記所が実質的支配者情報を保管し、その旨を証明する制度を今年度中に開始するとともに、実質的支配者情報を一元的に管理する仕組みの構築に向け、関係省庁が連携して利用の促進等の取組みを進める。	令和 4 年秋	

出典：「マネロン・テロ資金供与・拡散金融対策に関する行動計画」（令和 3 年 8 月30 日）

コラム 1-3

FATF が設定する「目標」と「効果」

　FATF は、第 4 次相互審査からは、各国や金融機関等におけるマネーローンダリング対策の実現度・有効性も審査対象としています。

　この有効性審査では、下表の①から⑪のような 11 項目の「直接的な効果」（Immediate Outcomes）についての達成度が評価されます。

　また、FATF は、11 の直接的効果のほかに、3 つの中間的な効果（Intermediate Outcomes）及び最上位の目標（high-level objective）を提言しており、直接的効果の深度ある実現によってこれら上位の目標を達成していくことが想定されています。

【最上位の目標】
・最上位の目標：金融システム及び経済全般がマネーローンダリング・テロ資金供与及び拡散金融の脅威から保護され、金融部門の完全性が強化され、安心と安全に貢献すること。

中間的な効果（Intermediate Outcomes）	直接的な効果（Immediate Outcomes）
I.政策、調整及び協力がマネーローンダリング及びテロ資金供与のリスクを軽減している。（直接的な効果①、②に対応）	①マネーローンダリング・テロ資金供与のリスクが理解され、適切な場合には、マネーローンダリング・テロ資金供与及び拡散金融（大量破壊兵器の拡散に関与する者への関与）との闘いに向けて、行動が国内的に調整されている。
	②国際的協力が情報、金融機密情報及び証拠を適切に提供するものとなり、犯罪者とその資産に対する行動を促進している。
II.犯罪収益及びテロを支援する資金が金融その他の部門に入り込むことが防止されており、また、当該部門によって探知され、報告されている。（直接的な効果③～⑤に対応）	③金融機関や DNFBPs（指定非金融業者や職業専門家）がマネーローンダリング・テロ資金供与対策の義務についてそのリスクに応じて履行するよう、監督者が適切に監督し、モニターし、規制している。
	④金融機関や DNFBPs がマネーローンダリング・テロ資金供与対策の予防措置について、そのリスクに応じて的確に講じており、疑わしい取引を報告している。
	⑤法人その他の法的取極め（例：信託、組合等）がマネーローンダリング・テロ資金供与に濫用されないようになっており、その実質的受益者に関する情報が権限ある当局に障害なく利用可能となっている。
III.マネーローンダリングの脅威が探知され取り除かれており、犯罪者は制裁を受け不法収益が没収されている（deprived）。テロ資金供与の脅威が探知され取り除かれており、テロリストは資源を取り上げられ、テロ資金供与した者は制裁を受け、テロ行為の防止に寄与している。（直接的な効果⑥～⑪に対応）	⑥金融機密情報その他すべての関連情報が資金洗浄やテロ資金供与の犯罪捜査に権限ある当局によって適切に利用されている。
	⑦マネーローンダリング罪及びマネーローンダリング行為が捜査され、行為者が訴追され、効果的で比例的で抑止的な制裁を受けている。
	⑧犯罪収益及び手段（instrumentalities）が没収されている。
	⑨テロ資金供与罪及びテロ資金供与行為が捜査され、テロ資金供与を行った者が訴追され、効果的で比例的で抑止的な制裁を受けている。
	⑩テロリスト、テロ組織及びテロ資金提供者が資金を調達し、移動させ、私用することが防止されていて、NPO 部門の濫用がなされていない。

	⑪大量破壊兵器の拡散に関与する個人・団体が、関連する国連安保理決議に従って、資金を調達し、移動させ、使用することが防止されている。

(警察庁刑事局組織犯罪対策部「マネー・ローンダリング対策等に関する懇談会」（平成 25 年 6 月 12 日資料 13）を基に作成（「資金洗浄」を「マネーローンダリング」、「AML/CFT」を「マネーローンダリング・テロ資金供与対策」とするなど一部修正））

Q1-8 犯罪収益移転防止法を遵守しているだけではダメなのですか？―犯収法の概要―

犯罪収益移転防止法は、最低限やらなければならないことに過ぎないと聞きましたが、どのような意味でしょうか。そもそも犯罪収益移転防止法は、どのような法律なのでしょうか。

1 犯収法の概要

犯収法は、金融機関等（貸金業者などの金融会社、クレジットカード業者を含みます）、一定の非金融業者（宅地建物取引業者、宝石・貴金属等売買業者など）及び職業専門家（税理士、公認会計士、司法書士、弁護士）を「特定事業者」と定義し、マネーローンダリング対策を行うことを義務づけています。

犯収法に基づくマネーローンダリング対策においては、①取引を行う際の確認（「取引時確認」）と②その後の継続的な顧客管理（疑わしい取引の判断・届出）の２つが大きな柱とされています。

1 犯収法上の義務の適用範囲

犯収法の適用範囲は、特定事業者として行う業務（特定業務）に限定されています。また、（上記②の義務が特定業務に係る取引であれば広く適用されるのに対し（犯収法第８条）、）上記①（取引時確認）が義務付けられるのは、特定業務の中でも更に限定された一定の取引（「特定取引等」）を行う場合のみです（犯収法第４条）。

【犯収法の適用範囲】

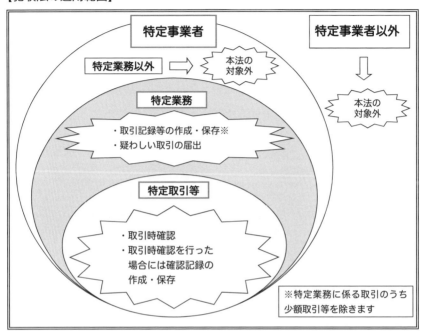

（警察庁「犯罪収益移転防止法の概要」（https://www.npa.go.jp/sosikihanzai/jafic/
hourei/law_com.htm）14頁）

② 取引の分類に応じた取引時確認

　犯収法上、取引時確認の方法は、①ハイリスク取引の場合の厳格化さ
れた確認方法と②通常の特定取引の場合の通常の確認方法の２種類に分
かれています（犯収法第４条第１項及び同条第２項）。また、③通常の
特定取引のうち、いわゆる「特別の注意を要する取引」に当たらないも
のを行う場合は、一度取引時確認を行った顧客であることの確認（いわ
ゆる「確認済みの確認」）を行えば（当該取引時確認について確認記録
を保存している場所に限る）、取引時確認が不要となります（犯収法第
４条第３項、同法施行令第13条。なお、確認済みの確認を行わずに通
常の確認方法により取引時確認を行うことも差支えありません）。

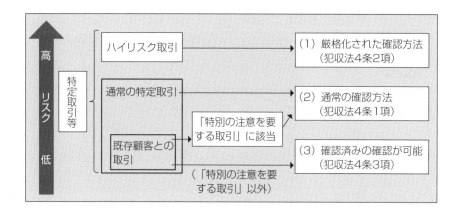

2 犯収法の要請を超える対応が必要

　犯収法では、取引がどの分類に当てはまるかに応じて、適用の有無や確認方法が画一的に決まっています（【第2章　はじめに】参照）。しかし、犯収法の適用のない取引であっても、マネーローンダリングに利用される可能性は否定できません。犯罪組織は、あえて、ハイリスク取引に当たらない取引をマネーローンダリングに利用するかもしれません。

　マネーローンダリングを行おうとする者は、金融機関の確認をすり抜けようと、金融機関のチェックが甘いところを執念深く探し、狙っています。仮に金融機関が犯収法で求められるとおりの確認しか行わないのであれば、彼らは試行錯誤の末、必ずその確認をすり抜ける方法を見つけ出すでしょう。また、犯収法上の要請は、（法令上で明確に定めを置いている以上やむを得ないのですが、）段階的・断続的なものとなっており、必ずしも連続的なリスクの高低に対応していない場合があります。

　そのため、犯収法で求められている確認に加えて、必要に応じて、リスクに応じた追加的措置を講じることが求められています。このリスクに応じた追加的措置についての考え方を示したものが、【Q1-9】で説明する「金融庁ガイドライン」になります。なお、内容の詳細については【Q3-1】を参照して下さい。

なぜ金融庁はマネーローンダリングについてのガイドラインを公表したのですか？

金融庁がマネーローンダリングについてのガイドラインを公表したと聞きました。その概要を教えてください。また、なぜ金融庁はガイドラインを公表したのですか。

1 金融庁ガイドラインの公表

　金融庁は、2018年2月、「マネー・ローンダリング及びテロ資金供与対策に関するガイドライン」（以下「金融庁ガイドライン」といいます）を策定、公表しました。このガイドラインは、マネーローンダリング対策のために講じるべき措置を「対応が求められる事項」「対応が期待される事項」の2つに分けて記載しています。特に前者に関しては、遵守がなされず、銀行法などの各法や監督指針等を踏まえて、問題がある場合には、各法に基づく態勢整備義務違反として行政処分の対象となる可能性があるものとされています（金融庁ガイドラインⅠ-4）。なお、後者は「対応が求められる事項」に係る態勢整備を前提に、より堅牢なマネロン・テロ資金供与リスク管理態勢の構築が望まれる事項を列挙したものにすぎず、これが未対応であるとしても必ずしも行政処分がなされるものではありません。

　その内容は、金融機関等（金融庁ガイドラインでは、犯収法上の特定事業者のうち公認会計士以外の金融庁所管のものをいいますので、銀行のほか、保険会社、ノンバンク、金融商品取引業者などが含まれます）に対して、①リスクベースアプローチの実施、②経営陣主導のもとでの管理態勢の整備（その検証・見直しを含みます）等を求めるものとなっています。また金融庁は、2021年4月28日付け「マネー・ローンダリング及びテロ資金供与対策に係る態勢整備の期限設定について」で、「対応が求められる事項」の全項目につき、2024年（令和6年）3月末まで

に対応を完了させ、態勢を整備することを求め、そのための対応計画の策定、適切な進捗管理を行うことを要請しています。

2　リスクベースアプローチ

　リスクベースアプローチとは、**各金融機関等が自らがマネーローンダリングに関してどのようなリスクに直面しているかを適時・適切に特定・評価し、そのリスクに見合った低減措置を講じること**をいいます（金融庁ガイドラインⅠ–1）。リスクの特定・評価及び低減措置が適切か否かは、定期的に見直すことが求められており、複雑化していくマネーローンダリングの手法・態様等に適切に対応することが求められています。

　金融庁ガイドラインでは、リスクベースアプローチの実施が金融機関等における当然に実施していくべき事項（ミニマムスタンダード）と位置付けられています。

【リスクベースアプローチのイメージ】

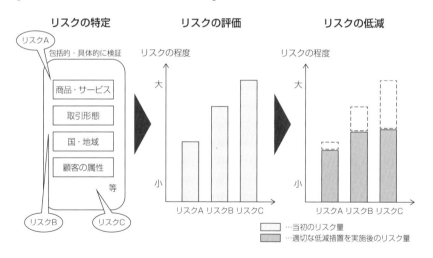

（金融庁講演資料）

❸ 管理態勢とその有効性の検証・見直し

　金融庁ガイドラインでは、リスクベースアプローチを実施するために、経営陣による人的資源やIT投資判断等を含む資源配分を組織横断的に実施していくことが必要であるとされています（Ⅰ-2 Ⅱ-2など）。

　そのうえで、①体制を含めたマネーローンダリングに関する方針・手続（マニュアル等）・計画（研修計画やIT投資計画等）などの不断の見直し（PDCA）、②経営陣の主体的かつ積極的な関与・理解、③第1線・第2線・第3線がそれぞれの役割を果たし協働すること、④グループベースでの整合的な管理態勢の整備、及び⑤職員の確保・育成等が重要とされています。

　第1線・第2線・第3線とは、それぞれ、営業部門・ビジネス部門・顧客と接する部門（第1線）、リスク管理部門・コンプライアンス部門等（第2線）、内部監査部門（第3線）のことを指します。

　第1線は、顧客との接点となり、様々なリスク低減措置を実施します。第2線は、第1線の支援と牽制の役割を担い、規程・マニュアル等の管

【三つの防衛線のイメージ】

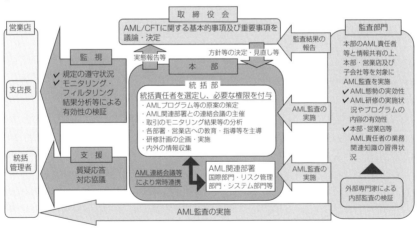

（金融庁講演資料より抜粋）

44

理も所管することが多いと思われます。第3線（内部監査部門）は、第1線及び第2線とは独立した立場から、さらなる高度化の余地はないかなどについて定期的に検証します。

4 金融庁ガイドライン公表の狙い

　金融庁ガイドラインは、①マネーローンダリング対策に関する国際的な目線の高まりを受けて、また②2019年のFATF相互審査を見据えて、金融機関等の実効的な態勢整備のために、策定・公表されたものです（2017年11月10日「平成29事務年度金融行政方針」参照）。

　そして、FATF相互審査後は、引き続き、FATFのフォローアップ審査への対応のための金融機関の態勢整備の向上及び監督の強化の根拠として活用されていくことになります。

Q1-10 どこまで対応する必要があるのでしょうか？ ―リスクベースアプローチ―

なぜリスクベースアプローチでの対応が必要とされるようになったのでしょうか。リスクベースアプローチの実施においては、どのようなことを行う必要があるのでしょうか。また、リスクベースアプローチにおいては、どこまで対応する必要があるのでしょうか。

① リスクベースアプローチが必要な理由

　実効的なマネーローンダリング対策を行うためには、金融機関等は、常に変化するマネーローンダリングの手法や動向に対応するため、不断に自らが直面するリスクの変化や動向を検証し、リスク低減措置の有効性を維持していく必要があります。また、金融機関等にとって、顧客の資産が犯罪収益かどうかを完全に把握することは本来的に非常に困難であるため、リスクの高い顧客及び取引について適切な対応がとれるよう、リスクの特定・評価に基づいた適切な資源配分（従業員の配置、IT システムへの投資など）を行うことが必要であると考えられます。

　このような理由から、リスクベースアプローチは、FATF 勧告においても実施が求められているなど、マネーローンダリング対策において国際的にも標準的な手法^(注)となっており、金融庁ガイドラインでは、ミニマムスタンダードと位置付けられています。

(注)　FATF 勧告（勧告 1（リスクの評価及びリスクベースアプローチの適用））、バーゼル銀行監督委員会「マネー・ローンダリング及びテロ資金供与リスクの適切な管理に係るガイドライン」、及びウォルフスバーグ声明「マネーローンダリングを管理するためのリスクに応じたアプローチに関わるガイダンス」などをご参照ください。

2 リスクベースアプローチの内容

　金融庁ガイドラインでは、リスクベースアプローチの内容として、以下のような対応が求められています。

1 リスクの特定・評価

　リスクの特定・評価に当たっては、(1) 国によるリスク評価の結果（国家公安委員会から毎年公表される犯罪収益移転危険度調査書）等を勘案しながら、自らが提供している**商品・サービス**や**取引形態**、取引に係る**国・地域**、**顧客の属性**等のリスクを包括的かつ具体的に検証すること[注]、及び (2) マネーローンダリングのリスクについて経営陣主導の下で関係する**全ての部門が連携・協働**し、リスクの包括的かつ具体的な検証を行うことなどが求められています（金融庁ガイドラインⅡ-2 (1) ①、⑤など）。

【リスクの評価の例】

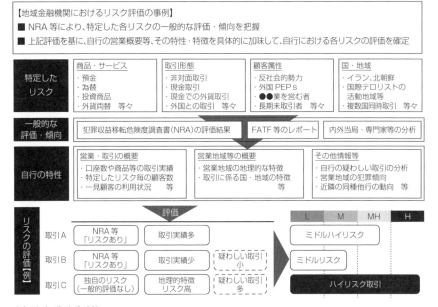

（金融庁講演資料）

（注）　特定事業者は、犯収法上も、自らが行う取引（新たな技術を活用して行う取引その他新たな態様による取引を含む）について調査・分析し、マネー・ローンダリングのリスクの程度等や調査・分析の結果をまとめた「特定事業者作成書面」（金融庁ガイドラインにおける「リスク評価書」と同義）を作成し、適宜見直すことが求められています（施行規則第32条第1項第1号）。

②リスク低減措置

　リスク低減措置については、**顧客管理（カスタマー・デュー・ディリジェンス：CDD）を中核として、リスクを実効的に低減するため、リスクに見合った低減措置を講じることが求められています**（金融庁ガイドラインⅡ-2（3）（ⅱ）、【Q1-11】、【Q3-2】参照）。

　また、リスク低減措置としては、個々の顧客に着目する顧客管理のほか、金融機関等における取引状況の分析、異常取引や制裁対象取引の検知等も適切に実施することとされています（同Ⅱ-2（3）（ⅲ））。取引モニタリング等による継続的なリスク管理のために、ITシステムの活用やデータ管理（データ・ガバナンス）が適切に行われることが重要であることを指摘し、それぞれ独立した項目を設けている点が特徴的です（同Ⅱ-2（3）（ⅵ）、（ⅶ））。

　加えて、疑わしい取引の届出を含む継続的な顧客管理の実施が必要であり、顧客属性によるリスク評価だけでなく、取引類型のリスク評価や取引モニタリングの結果も踏まえた顧客管理の方針の決定・実施が必要としています（同Ⅱ-2（3）（ⅱ）⑩イ等）。

【リスクに応じた顧客管理の例】

【顧客リスク格付けの事例】
■ 特定・評価したリスクの結果を総合し、顧客ごとのリスク格付けを実施
■ 所定の算定方式を用いた格付け方法と、特定の要素により自動的に評価が定まる絶対基準を併用

リスク要素	評価項目		リスク値	リスクスコア
国・地域	①居住国 ②本店所在国(法人) ③実質的支配者の所在国		リスク区分に応じた配点 区分L(スペイン…等)：A点 区分M(メキシコ…等)：B点 区分H(イラク…等)：C点	X点以上 ハイリスク
商品 サービス 取引形態	①取引目的	(個人)外国為替取引 (個人)給与・年金受取 (法人)事業性決済 (法人)事業性融資　等	①リスク区分に応じた配点 区分M(保険申込み等)：D点 区分H(外国為替取引等)：E点	Y点以上 X点未満 ミドル リスク
	②受付形態	対面取引 非対面取引　等	②対面・非対面ごとに配点	
顧客属性	①職業業種	会社役員・団体役員 貴金属・宝石商 不動産業 弁護士・公認会計士等	①リスク区分に応じた配点 区分L(公務員等)：F点 区分M(金融業等)：G点 区分H(投資事業等)：H点	Y点未満 ローリスク
	②属性 (法人)	上場企業 非上場企業 社団法人・財団法人	②各種型ごとに異なる配点	

国連の経済制裁対象国／FATF要注意国／指定国等その他のごく一部の属性等については、点数に拘らずハイリスクと分類

（金融庁講演資料）

❸ どこまで行う必要があるか

　金融庁ガイドラインの公表を受けて、金融機関等は、マネーローンダリング対策をどこまで行う必要があるのでしょうか。

　その答えは、リスクベースアプローチの趣旨を踏まえると、各金融機関等が自ら特定・評価したリスクに見合った程度まで、又は各金融機関が必要と判断する程度まで、となります。マネーローンダリング対策の程度については、金融庁ガイドラインや当局が答えを持ち合わせているわけではなく、マネーローンダリングを行う者及びテロリストがどこまで巧妙な手口を使ってくるかに応じて変わることになるのです。時間や人手には限りがありますので、やみくもに全ての取引について微に入り細を穿った確認ができる訳ではありません。経営陣主導の下、リスクの

特定・評価に応じて、適切な資源配分を行う必要があります。

　また、マネーローンダリングに甘い金融機関であるとのレッテルが一度貼られてしまうと、マネーローンダリングを行おうとする者が他の金融機関等（国外の金融機関等を含みます）を避けて、押し寄せてくる可能性があります。そのため、各金融機関等においては、他の金融機関等で行っている対策も勘案しつつ、どこまでの対策を講じるかを経営陣主導のもとで判断していく必要があります。

コラム 1-4

リスクベースアプローチと最近の当局の検査・監督の考え方

　リスクベースアプローチは、必ずしもマネーローンダリング対策に特有の概念ではありません。金融庁は、2018 年 10 月 15 日に、「コンプライアンス・リスク管理に関する検査・監督の考え方と進め方（コンプライアンス・リスク管理基本方針）」（以下「本基本方針」といいます）を公表し、コンプライアンス・リスク管理の更なる向上のため、リスクベースアプローチでの管理が必要であるとしています。

　金融庁ガイドラインにおけるマネーローンダリング対策分野でのリスクベースアプローチの重要性の強調も、（FATF 勧告への対応という側面を有するだけでなく、）このような当局の検査・監督の考え方の大きな流れの 1 つに位置付けられるものと思われます。

　本基本方針では、従来のコンプライアンス・リスク管理においては、法令や当局のチェックリストを形式的かつ厳格に遵守するというルールベースの発想が強く、結果として、以下のような問題が生じやすい傾向がみられたと指摘し、これを解決するために、経営陣主導のもとで、金融機関の規模・特性を踏まえ、リスクベースの発想でのリスク管理を考える必要があるとされています。

[ルールベースの弊害]
① 実効性・効率性を十分考慮しないまま、過大な負担を生じる管理態勢が構築され、経営上の重要課題に十分な経営資源を割くことができない
② 事後的な対応に集中しがちとなり、リスクを未然に防止するという視点が弱い
③ 法令・制度が必ずしも十分に整備されていない新たな領域等から生じるリスクが管理の対象から抜け落ちる

【本基本方針の全体像（ポイント）】

金融機関の対応		金融庁の今後の対応
従来の問題点	改善の方向性 （経営の問題であるとの認識の醸成）	
● 形式的な法令違反のチェックに終始、表面的な再発防止策の策定等、ルールベースでの対応の積み重なり（「コンプラ疲れ」） ● 発生した個別問題に対する事後的な対応 ● 経営の問題と切り離された、管理部門中心の局所的・部分的な対応	● 経営陣において、ビジネスモデル・経営戦略・企業文化とコンプライアンスを表裏一体であるとの認識の下、経営目線での内部管理態勢を主導 ● 「世間の常識」とずれないために、外部有識者等の視点を活用するガバナンス態勢を構築 ● 潜在的な問題を前広に察知し、その顕在化を未然に防止 ● 金融機関の規模・特性に応じたリスクベースでのメリハリのある管理態勢を構築	● ルールベースではなく、経営の問題としての取組みを評価することを目的とした金融機関の経営陣との対話 ● 重要な問題に焦点を当てた、リスクベースのモニタリング ● 金融機関の規模・特性に応じ、負担に配慮
金融庁の重箱の隅をつつくような検査が上記を助長 ⬆		

（金融庁「『コンプライアンス・リスク管理に関する検査・監督の考え方と進め方（コンプライアンス・リスク管理基本方針）』のポイント」）

コラム 1-5

リスク低減措置とは？―普通預金規定参考例の改定―

（1） リスクに見合った低減措置

　金融庁ガイドラインでは、以下のとおりリスクの高低や性質に見合ったリスク低減措置を講じることが求められています。

> リスク低減措置の具体的内容は、自らが直面するリスクに応じて、各金融機関等において顧客や取引ごとに個別具体的に検討・実施されるべきものであり、金融機関等においては、本ガイドラインに記載された事項のほか、業界団体等を通じて共有される事例や内外の当局等からの情報等も参照しつつ、自らのリスクに見合った低減措置を工夫していくことが求められる。（同ガイドラインⅡ－2（3）（ⅰ））

> 必要とされる情報の提供を利用者から受けられないなど、自らが定める適切な顧客管理を実施できないと判断した顧客・取引等については、取引の謝絶を行うこと等を含め、リスク遮断を図ることを検討すること。
>
> その際、マネロン・テロ資金供与対策の名目で合理的な理由なく謝絶等を行わないこと。（同ガイドラインⅡ−2（3）（ⅱ）⑪）

（2）　リスク低減措置のラインナップ

　では、リスク低減措置の選択肢としては、どのようなものが考えられるのでしょうか。

① 　まず、最も効果の強烈な選択肢の1つとして、取引謝絶や契約解除があります。

② 　次に、サービス等の一時停止が考えられます。これは、カードローンの一時的な借入れ停止であれば、比較的容易に行うことができますが、生活費決済用の普通預金口座の一時凍結となると、顧客へのインパクトはかなり大きいといえ、慎重に行う必要があります。

③ 　また、取引金額を制限したり（量的な取引制限）、ATMでの取引を禁止したりする（取引方法の一部制限）など、取引の制限を行うことも有力な選択肢となります。取引方法の一部制限については、店頭窓口での取引への誘導にもなりますので、連絡がつかない場合や金融機関からの確認に対して具体的な返答がもらえない場合には、有効な措置です。

④ 　そのほかにも、顧客に対して所定事項の確認を行うことも考えられます。どのような事項の確認を行うかは、やはり事例ごとに判断すべきですが、代表的な例としては、再度の取引時確認を行うことや、取引を行う目的や取引原資の確認を行うことが想定されます。

　　取引目的の確認の方法としては、口頭での申告で済ませる場合と、エビデンスの提示を求める場合とが考えられますが、金額やエビデンスがないことがどの程度不自然といえるかなどを考慮して判断することになると考えます。

　　これらの所定事項の確認は、契約解除、一時停止、取引制限などを実施する前段階として、リスクの程度を具体的に調査するために

も有効な手法となります。

⑤　また、第三者による不正利用のリスクを低減するためであれば、取引内容を顧客に通知すること（メール送信やサンクスレターの郵送等）も有効な措置といえるでしょう。通常と異なる IP アドレスからの操作であったり、住居地から離れた場所での利用の際には、実施が検討されてよいと思われます。

⑥　システム上での取引モニタリングも、異常取引検知の端緒として非常に重要です。

これらはあくまで一例であり、これらの組合せもあり得るほか、商品・サービスごとに固有の低減措置もあり得ると考えられます。

【リスク低減措置のラインナップ】

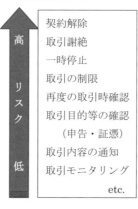

契約解除
取引謝絶
一時停止
取引の制限
再度の取引時確認
取引目的等の確認
　（申告・証憑）
取引内容の通知
取引モニタリング
　　　　　　etc.

高　リスク　低

（3）　普通預金規定参考例の改定

犯収法第 5 条は、顧客が犯収法に基づく取引時確認に応じない場合には、特定事業者（金融機関等が含まれます）は、その間、商品やサービスの提供を拒むことができる旨を規定しています。しかし、現在では、金融機関等は、犯収法に基づく取引時確認以上の措置を行うことが求められています（【Q1-8】参照）。

仮に顧客が犯収法を超える措置に応じなかった場合には、金融機関等は、商品・サービスの提供を拒めるのでしょうか。

一般社団法人全国銀行協会は、この問題意識の下、2019 年 4 月 4 日

付けで普通預金規定の参考例を改定し、犯収法を超える確認措置である
としても、顧客がこれに応じなければ、取引制限や解約等が可能な旨を
明記することとしました。

【改定後の普通預金規定ひな型（下線部が改定箇所）】

10.（取引の制限等）

（1）　当行は、預金者の情報及び具体的な取引の内容等を適切に把
握するため、提出期限を指定して各種確認や資料の提出を求め
ることがあります。預金者から正当な理由なく指定した期限ま
でに回答いただけない場合には、入金、払戻し等の本規定に基
づく取引の一部を制限する場合があります。

（2）　前項の各種確認や資料の提出の求めに対する預金者の回答、
具体的な取引の内容、預金者の説明内容及びその他の事情を考
慮して、当行がマネー・ローンダリング、テロ資金供与、もし
くは経済制裁関係法令等への抵触のおそれがあると判断した場
合には、入金、払戻し等の本規定にもとづく取引の一部を制限
する場合があります。

（3）　前２項に定めるいずれの取引の制限についても、預金者から
の説明等にもとづき、マネー・ローンダリング、テロ資金供与、
または経済制裁関係法令等への抵触のおそれが合理的に解消さ
れたと当行が認める場合、当行は当該取引の制限を解除します。

11.（解約等）

（1）　この預金口座を解約する場合には、この通帳を持参のうえ、
当店に申出てください。

（2）　次の各号の一にでも該当した場合には、当行はこの預金取引
を停止し、または預金者に通知することによりこの預金口座を
解約することができるものとします。なお、通知により解約す
る場合、到達のいかんにかかわらず、当行が解約の通知を届出
のあった氏名、住所にあてて発信した時に解約されたものとし
ます。

① 　この預金口座の名義人が存在しないことが明らかになった
場合または預金口座の名義人の意思によらずに開設されたこ

とが明らかになった場合

　②　この預金の預金者が第９条第１項に違反した場合

　③　この預金がマネー・ローンダリング、テロ資金供与、経済
　　制裁関係法令等に抵触する取引に利用され、またはそのおそ
　　れがあると合理的に認められる場合

　④　この預金が法令や公序良俗に反する行為に利用され、また
　　はそのおそれがあると認められる場合

(3)　この預金が、当行が別途表示する一定の期間預金者による利
　　用がなく、かつ残高が一定の金額をこえることがない場合には、
　　当行はこの預金取引を停止し、または預金者に通知することに
　　よりこの預金口座を解約することができるものとします。また、
　　法令に基づく場合にも同様にできるものとします。

(4)　前２項により、この預金口座が解約され残高がある場合、ま
　　たはこの預金取引が停止されその解除を求める場合には、通帳
　　を持参のうえ、当店に申出てください。この場合、当行は相当
　　の期間をおき、必要な書類等の提出または保証人を求めること
　　があります。

金融庁ガイドラインでは、第1線から第3線までが協働することが求められるとのことですが、第1線に該当する担当者に期待されている役割は、どのようなものですか。

❶ リスク低減措置を講じる担当者としての第1線

　第1線担当者は、実際にリスク低減措置を講じることが想定されているため、いわば最初の防波堤として非常に重要な役割を担います。そのため、法令や社内ルールにおいて、どのような場合にどのような措置を講じるべきとされているかを、よく理解している必要があります。

　また、リスクベースアプローチにおいてリスクが高い場合には、より厳格な措置を講じる必要がありますので、第1線担当者は、リスクが高い場合を見逃さないことが求められます。

　リスクの高低を見極めるためには、マネーローンダリングがどのような手口で行われるのかを把握しておくなど、どのような場合にマネーローンダリングのリスクが高いのかを本質から理解することが必要です。

❷ リスクの特定・評価のための情報提供

　リスクの特定・評価は、リスクベースアプローチの「出発点」であり、「土台」となるものですので、特に重要な意義を持ちます。リスクの特定・評価は、経営陣の主体的な関与の下で、原則として第2線が担当することが想定されます。

　しかし、実際に顧客と直接にやり取りを行い、リスク低減措置を講じている第1線担当者の積極的な協力がなければ、リスクの特定・評価は、実態とずれたものになってしまいます。

　リスクベースアプローチを的確に実践するためには、まず、第1線担当者がリスクの特定・評価のために適切かつ必要十分な情報を集約し、

第2線に提供することが必要となります。

　リスク低減措置がしっかりと講じられていない箇所を把握している場合には、それを伝えるべきですし、逆に実際に存在するリスクに対して過剰な低減措置が講じられている場合には、それをしっかりと発信して、リスクに見合った適切な資源配分がなされるよう第2線と協働する必要があります。

　金融庁が公表している「マネロン・テロ資金供与対策ガイドラインに関するよくあるご質問（FAQ）」（以下「金融庁FAQ」といいます）においても、「第1線と第2線がリスクの評価の作業を行う段階で緊密に連携し、顧客や商品・サービスの実態を最も理解している営業部門が保有している顧客の取引先や顧客の商流等の情報、商品・サービス、取引形態等のリスクを顧客リスク評価に反映させるなど、営業部門がこれまでに築いてきた顧客との信頼関係を基礎として把握した情報を全てリスク評価の過程で反映することが必要」とされており、リスクベースアプローチにおける第1線の重要性が示されています。

① 事業・商品ごとのリスク分析

　リスクの特定・評価は、全社的・包括的に行う必要があるとされています。金融庁ガイドラインでは、①商品・サービスや、②取引形態、③取引に係る国・地域、④顧客の属性、及び⑤（必要に応じて）提携先等の関与者のリスク管理態勢などを包括的かつ具体的に検証する必要があるとされています（金融庁ガイドラインⅡ-2（1）①④）。

　第1線としては、上記①から⑤や、当該商品で取り扱う金額の範囲等の情報を第2線に連携するなど固有リスクの分析に主体的に協力するほか、どのようなリスク低減措置を行っているか（取引時確認の方法、本人認証の方法、顧客情報の変更を察知した場合の対応、取引制限を設ける場合の基準など）を洗い出すことで、低減措置実施後の残存リスクの分析にも積極的に関与することが求められます。

② 顧客リスク評価の実施

　金融庁ガイドラインでは、「リスク低減措置のうち、特に個々の顧客に着目し、自らが特定・評価したリスクを前提として、個々の顧客の情報や当該顧客が行う取引の内容等を調査し、調査の結果をリスク評価の結果と照らして、講ずべき低減措置を判断・実施する一連の流れ」を「顧客管理（カスタマー・デュー・ディリジェンス：CDD）」と呼び、リスク低減措置の中核的な項目として位置付けています。

　その顧客管理（CDD）の一連の流れの中では「全ての顧客について顧客リスク評価を行うとともに、講ずべき低減措置を顧客リスク評価に応じて判断すること」が求められます（金融庁ガイドラインⅡ-2 (3) (ⅱ) ⑥）。

　第1線としては、顧客の取引先・商流等の情報などを取りまとめ、分析するなど、顧客リスク評価に積極的に実践することが求められます。

　なお、金融庁は、例として、過去に疑わしい取引の届出対策となった顧客や不正に口座を利用している疑いのある顧客、不芳情報を把握した顧客等について高リスク先として管理することや、休眠口座や長期不稼動口座（1年以上不稼動の口座など）について口座が稼動するまでは低リスク先としたり、国や地方公共団体については一律で低リスク先とすること（国や地方公共団体が運営する団体等については設立経緯、国や地方公共団体との親密度や業務内容を勘案した上で低リスク先とすること）が可能であるとしており（金融庁FAQ p54）、顧客リスク評価の際の参考になります。

❸ 社内ルール・マニュアルの検証・見直し（PDCA）

　多くの金融機関等でマネーローンダリング対策の社内ルールやマニュアルは、第2線が構築しているものと思われます。しかし、それらの実践は、第1線担当者が担う部分が多いため、社内ルール・マニュアルの

継続的な検証・見直し（金融庁ガイドラインⅢ-1）に当たっては、第1線担当者が大きな役割を果たすと考えられます。

　手続の重複や顧客への説明の難しさなど、窓口において実践している方々にしか気づけない社内ルール・マニュアルの改善点は、きっとあるはずです。

　第1線担当者が、社内ルール・マニュアルを自分を縛るものと捉えるだけでなく、自ら改善していくべきものとして捉え、第2線と協働していくことで、常に変化するマネーローンダリング情勢の中で実効的・効率的な仕組みの維持・向上が可能となるものと考えます。

2 取引時確認等の際に第1線担当者が気を付けるべきポイント

はじめに ―複雑なルールを的確に実践するための態勢整備が
重要―

① 本章の内容

　マネーローンダリング対策では、取引を行う際の確認とその後の継続的な顧客管理の2つが大きな柱となります。

　この章では、取引を行う際の確認（取引時確認）について、気を付けるべきポイントを見ていきましょう。

② 複雑なルール――一例として確認すべき場合について

　金融機関は、さまざまな種類の取引をさまざまな顧客と行いますので、確認のルールは、当然複雑になります。

　まずは、犯罪収益移転防止法上、どのような場合に取引時確認が必要となるのかを見てみましょう（【Q1-7】も参照）。

1 取引時確認をすべき場合

　金融機関は、「特定取引等」を行う際に、取引時確認を行わなければなりません（犯収法第4条第1項及び同条第2項）。

　取引時確認を行わなければならない場合の代表例は、①「対象取引」（預金口座開設、貸付けに係る契約、200万円を超える両替取引、200万円を超える現金のやり取りなど。施行令第7条第1項各号）です。対象取引は、法令において具体的に列挙されています（取引の金額を減少させるために一つの取引を分割したものであることが明白な場合は、分割後の複数の取引を一つの取引とみなして取引の金額を合算します。施行令第7条第3項）。

　また、対象取引に該当しない場合であっても、②「同種の通常取引と比べて著しく異なる態様で行われる取引」、または③「疑わしい取引」の場合は、取引時確認が必要です。この②③をあわせて「特別の注意を要する取引」と呼びます（施行令第7条第1項柱書、施行規則第5条）。以上の①から③をあわせて特定取引と呼びます。

　さらに、ハイリスク取引は取引時確認が必要ですが（犯収法第4条第2項）、ハイリスク取引の中には特定取引に該当しないものも含まれています。そのため取引時確認が必要な取引は、特定取引及びハイリスク取引ということになり、両者をあわせたものが「特定取引等」（犯収法第4条第4項）となります（図1参照）。

② 確認済みの確認

　「特定取引等」を行う場合であっても、顧客が既に取引時確認により確認を行った方である場合（金融機関が当該取引時確認の確認記録を保存している場合に限る）には、顧客の同一性を確認することで、取引時確認を省略することができます（図2⑨参照）。この同一性の確認を確認済みの確認といいます。

　ただし、特別の注意を要する取引やハイリスク取引などの取引は、確認済みの確認を行うことができませんので、留意が必要です（施行令第13条2項、施行規則第17条、【Q2-5】参照）。

③ 厳格な方法での取引時確認が必要な場合（ハイリスク取引）

　ハイリスク取引とは、以下の④から⑦のいずれかに該当する取引のことをいいます。これに該当する場合には、通常の取引時確認の方法に加えて、本人確認書類をもう1種類余計に確認しなければならないなど、厳格な方法で取引時確認を行わなければなりません（犯収法第4条第2項、【Q2-6】参照）。このうち、⑥と⑦は、特定取引に当たるものに限定されていますが、④と⑤は、特定取引に当たらなくとも該当する可能性があります（図2参照）。

【図1 対象取引、特定取引、ハイリスク取引、特定取引等の関係】

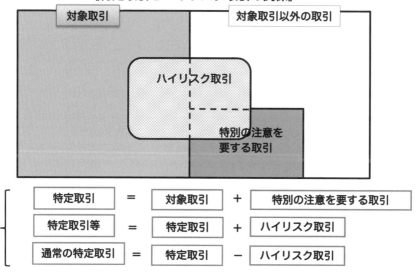

《特定取引とハイリスク取引の関係》

（警察庁「犯罪収益移転防止法の概要」15頁）（一部調整）

【図2 特定取引等の類型と確認方法の関係】

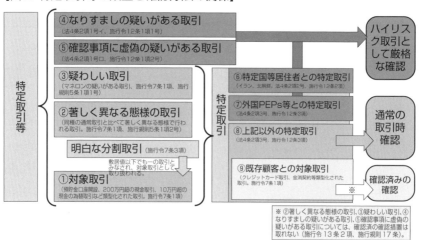

④関連取引（基本契約に基づく取引である場合には当該基本契約）の顧客に成りすましている疑いのある顧客との取引（犯収法第4条第2項第1号イ）

⑤関連取引の際の取引時確認に虚偽申告をした疑いのある顧客との取引（犯収法第4条第2項第1号ロ）

⑥特定国等（北朝鮮・イラン）に居住又は所在する顧客との特定取引（犯収法第4条第2項第2号、施行令第12条第2項）

⑦外国PEPs等に該当する顧客との特定取引（犯収法第4条第2項第3号、施行令第12条第3項、施行規則第15条）

③ 社内ルール・マニュアルの実践

　この章では犯罪収益移転防止法上のルールを中心に説明しますが、実際には、それぞれの金融機関において社内ルール・マニュアルが定められ、より厳格な対応を行っています。これは、金融庁ガイドラインで求められるリスクベースアプローチの実践として位置付けられます（【Q1-8】【Q1-10】参照）。

　また、金融庁ガイドラインでは、確認すべき事項、確認方法、顧客の受入れ可否の基準、謝絶・取引制限等の決裁権限者について、リスクに応じた内容であらかじめ策定することが求められ（「顧客の受入れに関する方針」、金融庁FAQ p41）、確認済みの顧客についてもリスクに応じた継続的な顧客管理の方針を決定・実践することが求められています（金融庁ガイドラインⅡ-2（3）（ⅱ）①、⑩）。

④ 間違いのない運用のために

　確認のタイミングや確認方法を間違えると法令違反になってしまう可能性があるため、第1線担当者は社内ルール等のみならず法令上のルールの理解に努め、ミスを起こさないように注意を払うことが重要です。加えて、分かりやすい社内ルール・マニュアルの作成や社内の質問窓口

の設置などの態勢整備も重要です。そのためマニュアルの作成や質問窓口の運用担当者は、より一層の理解が必要と心得ましょう。

　第1線担当者にとっては、実務上の運用ルールにミスが生じやすい点があったり、マニュアルに分かりにくい点があったりする場合に、現場の声を第2線へ届けることも、重要な役割です。現場の声は、会社全体のマネーローンダリング対策をより効率的で実効的なものにする大切な要素です。

Q2-1　顧客が法人かどうか分からない場合にはどうしたらよいですか？

事例①　「○○投資事業有限責任組合」という名称の顧客から口座開設の依頼がありました。以前、「△△事業協同組合」からの依頼を受けたときは法人顧客として取り扱いましたが、今回も同じように扱ってよいでしょうか。

1 口座開設の際に必要となる確認

　顧客と預金口座開設の取引を行う際には、犯罪収益移転防止法に基づく確認を行わなければなりません（犯収法第４条第１項）。これを「取引時確認」といいます。

　預金口座開設の取引以外にも、住宅ローン契約（貸付けに係る契約）を締結する取引などの際にも、取引時確認が必要となります。犯罪収益移転防止法では、取引時確認が必要な取引のことを「特定取引等」と呼びます（【第２章　はじめに】参照、同法第４条第４項）。

2 顧客類型ごとの確認事項

　取引時確認では、本人特定事項をはじめとしていくつかの事項を確認しなければなりません（犯収法第４条第１項各号、同条第２項柱書）。そして、その確認事項は、顧客類型によって変わるため、気を付ける必要があります。

　顧客類型ごとの確認事項は表のとおりです。

　多くの場合、顧客がどの類型に該当するかはさほど迷うものではありません。しかし次のような場合には、間違いのないように留意する必要があります。

① 個人か法人か

　顧客が個人なのか法人なのかは、一見すると、簡単に区別できるように思えます。しかし、中小企業においては、代表者個人として取引するのか、法人として取引するのか曖昧な場合もあり得ますので、十分に留意が必要です。

　顧客に対して、犯罪収益移転防止法により必要となる書類や確認手続が異なることを説明の上、個人として取引をするのか、法人として取引をするのかをよく確認しましょう。その際には、資金の流れを透明化するというマネーローンダリング対策の趣旨からすれば、取引の対象となる資金が代表者個人のものであるのか、法人のものであるのかに着目する視点が重要となります。

② 人格のない社団又は財団か

　顧客が珍しい種類の団体である場合には、法人（イの類型）なのか、人格のない社団又は財団（エの類型）なのかのチェックが必要な場合があります。事例①は、この場合を念頭に置いています。

　もちろん、確認項目の多い法人（イの類型）として扱えば、大は小を兼ねますので、その場の取引時確認は適切に行うことができます。しかしながら、人格のない社団又は財団（エの類型）は、取引担当者が変わった場合には、確認済みの確認（【Q2-5】）の対象とすることができませんので（施行規則第16条第1項、H24パブコメ103番）、他の類型の顧客とは明確に区別して管理する必要があります。

【表　取引時確認における確認事項】

顧客類型＼確認事項		本人特定事項	取引の目的	職業又は事業の内容	実質的支配者の本人特定事項	取引担当者の本人特定事項	資産及び収入の状況
ア	個人（自然人）	○（氏名・住居・生年月日）	○	○（職業）	―	○（※1）	○（※2）
イ	法人（ウを除く）	○（名称・本店又は主たる事務所の所在地）	○	○（事業の内容）	○	○（※1）	○（※2）
ウ	国、地方公共団体、上場企業等（※3）	―	―	―		○（※1）	―
エ	人格のない社団又は財団（民法上の組合など）（※4）	―	○	○（事業の内容）		○（※1）	

（※1）　実際に取引の任に当たった自然人（取引担当者）が顧客本人と異なる場合のみ、確認項目となります（顧客が法人等（イからエ）のときは、常に確認すべきことになります。顧客が個人（ア）であれば、代理人がいるときのみ確認することになります。犯収法第4条第4項）。

（※2）　**ハイリスク取引でかつ取引の価額が200万円を超える場合のみ、確認項目となります（犯収法第4条第2項後段）。**

（※3）　実在性が確かな顧客がこれに当たります。上場企業（上場有価証券・店頭売買有価証券の発行会社）でない企業は、規模が大きくてもこれに当たりませんので、注意してください。具体的には、以下の者が「ウ」に当たります（犯収法第4条第5項、施行令第14条各号、施行規則第18条各号）。①国、②地方公共団体、③独立行政法人、④国又は地方公共団体が資本金、基本金その他これらに準ずるものの2分の1以上を出資している法人、⑤外国政府、外国の政府機関、外国の地方公共団体、外国の中央銀行又は日本が加盟している国際機関、⑥上場企業、⑦告示で定められた外国での上場企業、⑧勤労者財産形成基金、⑨存続厚生年金基金、⑩国民年金基金、⑪国民年金基金連

合会、⑫企業年金基金、⑬勤労者財産形成貯蓄契約等を締結する勤労者、⑭預貯金口座開設の契約のうち、被用者の給与等から控除される金銭を預貯金又は定期積金等とするものを締結する被用者、⑮被用者の給与等から控除される金銭を信託金とする信託契約を締結する被用者、⑯団体扱い保険又はこれに相当する共済に係る契約を締結する被用者、⑰有価証券を取得させる契約のうち、被用者の給与等から控除される金銭を当該行為の対価とするものを締結する被用者、⑱貸付けに係る契約又は金銭の媒介の契約のうち、被用者の給与等から控除される金銭により返済がされるものを締結する被用者

(※4) 他の類型の顧客と異なり、人格のない社団又は財団は、取引担当者が変わった場合には、確認済みの確認の対象とすることができません（施行規則第16条第1項、H24パブコメ103番）。

③ 法人かどうかの判定はどのように行うべき？

1 法人格の有無を根拠法で確認

顧客が法人格を有する法人（イの類型）なのか、人格のない社団又は財団（エの類型）なのかは、それぞれの団体の根拠法に法人格を付与する条項（法律において「法人とする」と規定されます）があるかどうかで判定します。

2 中小企業等協同組合（事業協同組合や企業組合）の場合

中小企業等協同組合（事業協同組合や企業組合）は、根拠法である中小企業等協同組合法によって法人格が付与されています（同法第4条第1項）。そのため、法人（イの類型）に当たります。

初回の取引時確認の際には確認項目が多くなりますが、取引担当者が変わったとしても、確認済みの確認を使うことができる顧客ということになります。

3 投資事業有限責任組合の場合

投資事業有限責任組合は、法人格を有していません（根拠法である投資事業有限責任組合契約に関する法律に法人とする旨の規定がありません）。そのため、人格のない社団又は財団（エの類型）に当たります。

よって、取引担当者が変わった場合には、確認済みの確認を使えませ

ん。

　一方で、投資事業有限責任組合は登記されます。よって、実在する投資事業有限責任組合であれば、登記事項証明書は容易に確認できます。マネーローンダリング対策の実効性の観点からは、犯罪収益移転防止法上は必須ではないとはいえ、登記事項証明書を確認することが望ましいと考えられます。

4 その他の団体について

　変わったところでは、資産の流動化に関する法律に基づく特定目的会社は、「会社」と名がつくにもかかわらず、法人格がありません（合同会社など会社法に基づく会社は、同法第3条に「会社は、法人とする」と規定されているため、法人格を有します）。

コラム 2-1

確認項目ではないけど確認しなければならない事項がある？

　取引時確認の確認項目は、【Q2-1】の表のとおりです。

　しかし、犯罪収益移転防止法では、確認項目としては掲げられていないものの、事実上、確認が必要となる事項があります。

（1）取引時確認の前提となる事項

　取引時確認を行うに当たって、その前提としてチェックすることとされている事項があります。

　ア　取引担当者が顧客のために取引を行う権限

　　　取引担当者が権限を持たない場合には、取引の法的効果は顧客に及びませんので、いくら顧客について確認しても無意味です。取引担当者の権限の確認は、重要なチェックポイントになります。

　　　法令上も、取引担当者の定義として、**取引担当者が当該顧客のために特定取引等の任に当たっていると認められる**ことが必要であると定めています（施行規則第 12 条第 5 項。【Q2-3】参照）。また、取引担当者と顧客との関係、及び取引担当者が顧客のために特定取引等の任に当たっていると認めた理由を確認記録に記録する必要があります（施行規則第 20 条第 1 項第 21 号）。この「理由」としては、施行規則第 12 条第 5 項に掲げるいずれに該当したか等について記録することが想定されています（H24 パブコメ 109 番）。

　　　なお、犯罪収益移転防止法で求められる確認は、民法上の代理権を有しているか否かの確認とは異なるものとされています（H24 パブコメ 75 番）。また、顧客が人格のない社団又は財団である場合は、取引担当者が顧客等のために特定取引等の任に当たっていることの確認は不要とされています（H24 パブコメ 76 番）。

　イ　ハイリスク取引（犯収法第 4 条第 2 項）か否か

　　　顧客が行う取引がハイリスク取引に該当する場合には、本人特定事項などの確認方法が変わります（施行規則第 14 条。【Q2-6 参照】）。そのため、ハイリスク取引に該当するか否かを確認することが必要となります。法令上は、ハイリスク取引か否かの確認方法は定めら

れておらず、事業者ごとの合理的な方法によって確認することとされているものと考えられます（外国PEPsについてのH27パブコメ22番等参照）。

（2）確認記録の作成上必要となる事項

また、確認記録の記録項目となっており、確認記録の作成上、チェックが必要となる事項もあります。いずれも確認方法は定められていませんので、顧客からの申告等によって適宜チェックすることになります。

ア　実質的支配者と顧客との関係

法人顧客については、確認項目として実質的支配者の本人特定事項があり、取引担当者から申告を受ける必要があります（犯収法第4条第1項第4号。【Q2-3】参照）。そして、確認記録には、実質的支配者と顧客との関係も記録する必要があります（施行規則第20条第1項第24号）。

そのため、50％超の議決権を有している、25％超の議決権を有している又は代表権を持つ業務執行者であるなどの区別（施行規則第11条第2項各号のいずれに該当するか）についても、取引担当者から申告を受けるなどの方法で確認することが必要となります（H27パブコメ125番）。

イ　外国PEPsの職業等

顧客が外国PEPsに該当する場合には、外国PEPsと認めた「理由」を確認記録に記録する必要があります（施行規則第20条第1項第28号）。原則として、「どの国のいかなる職にあるために外国PEPsであるかを記録として残す」ことが想定されていますので（H27パブコメ155番）、外国PEPsであるか否かを確認する際には、単なる該当・非該当だけでなく、その職業等も確認することが必要となります（確認方法は、事業者ごとの合理的な方法によることになります）。

Q2-2 見慣れない本人確認書類の提示を受けた場合にはどのように対応すべきですか？

事例②　個人顧客から「小型船舶操縦免許証」や「猟銃・空気銃所持許可証」の提示を受けました。見慣れない公的書類なので取り扱ってよいか不安なのですが、受け付けてよいのでしょうか。

1 顧客の本人特定事項の確認方法

[1]　顧客の本人特定事項の確認方法には、大別すると、本人確認書類を用いる方法と用いない方法とがあります。金融機関においては、本人確認書類を用いる方法で確認を行うことが通例であると思われます。

　なお、本人確認書類を金融機関の職員が確認しない方法としては、本人限定受取郵便で取引関係文書（サンクスレターなど取引を行った方以外に送付することがない書類のことをいいます。以下同じです）を送付する方法（施行規則第6条第1項第1号ル。配達員が写真付き本人確認書類の提示を受けて確認します）や、電子署名法又は公的個人認証法に基づく（署名法）電子証明書と電子署名された取引情報の送信を受ける方法（施行規則第6条第1項第1号ヲ・ワ）などがあります。電子署名については、顧客側でも導入のための準備が必要であるため、あまり普及していませんでしたが、マイナンバーカードの普及により、同号ワに基づく方法（JRKI方式）がここ数年で俄かに広まってきています（令和5年3月付けの総務省「マイナンバーカードを活用したオンライン取引等の可能性について」）。

[2]　犯収法は本人確認書類となる公的書類を列挙していますが、「官公庁から発行され、又は発給された書類その他これに類するもので、当該自然人の氏名、住居及び生年月日の記載があるもの」（施行規則第7条第1号ロ、ホ）も挙げられているため、非常に多くの種類の公的書類が

本人確認書類として認められています。

　本人確認書類は、特に個人顧客の本人確認書類については、その種類によって、発行される枚数（年金手帳と住民票謄本の違い）や顔写真の貼付の有無（運転免許証と健康保険証の違い）などの違いがあり、どの書類が提示されるかによって確認の精度・確実さが異なります。犯収法は、このような観点から、個人顧客の本人確認書類の種類を3種類に分けています（表1上段。なお、法人顧客の本人確認書類は【Q2-3】をご参照ください）。

③ **見慣れない公的書類の提示を受けた場合には、犯収法上の本人確認書類として認められるものであるのか確認する必要があります。**また、仮に犯収法上の本人確認書類として認められるものであるとしても、偽造でないかの判断が難しい場合もあり得るため、慎重な判断が必要です。

【表1：本人確認書類及び補完書類の種類（個人）】

証明すべき者		本人確認書類の種類
個人（自然人）	I群	【顔写真付き本人確認書類】 ・運転免許証、運転経歴証明書、在留カード、特別永住者証明書、個人番号カード（いわゆるマイナンバーカード） ・旅券、乗員手帳（氏名及び生年月日の記載があるものに限る） ・船舶観光上陸許可書（旅券写し貼付が必須） ・身体障害者手帳、精神障害者保健福祉手帳、療育手帳、戦傷病者手帳（氏名、住居及び生年月日の記載があるものに限る） ・その他官公庁から発行され、又は発給された書類その他これに類する書類で、氏名、住居及び生年月日の記載があり、かつ、当該官公庁が当該自然人の写真を貼り付けたもの

個人 (自然人)	Ⅱ 群	【顔写真のない書類（本人以外が所持していることが想定されていないもの）】 ・各種健康保険証、児童扶養手当証書、特別児童扶養手当証書若しくは母子健康手帳（氏名、住居及び生年月日の記載があるものに限る） ・申込書や契約書に顧客が押印した印鑑に係る印鑑登録証明書
	Ⅲ 群	【顔写真のない書類（複数枚発行されるなど本人以外が所持している可能性があるもの）】 ・住民票謄本、住民票記載事項証明書、戸籍の附票の写し ・印鑑登録証明書（契約書への押印を求めない場合など上記Ⅱ群の印鑑登録証明書以外のもの） ・その他官公庁から発行され、又は発給された書類その他これに類する書類で、氏名、住居及び生年月日の記載があるもの（顔写真のないもの。ただし、マイナンバー通知カードを除く）

	補完書類の種類
個人（自然人）	次の各号に掲げる書類（本人確認書類を除き、領収日付の押印又は発行年月日の記載があるもので、その日が特定事業者が提示又は送付を受ける日から６か月以内のものに限る。） 一　国税又は地方税の領収証書又は納税証明書 二　社会保険料の領収証書 三　公共料金（日本国内において供給される電気、ガス及び水道水その他これらに準ずるものに係る料金をいう）の領収証書 四　前各号に掲げるもののほか、官公庁から発行され、又は発給された書類その他これに類する書類で、当該顧客の氏名及び住居の記載があるもの（マイナンバー通知カードを除く） 五　日本国政府の承認した外国政府又は権限ある国際機関の発行した書類その他これに類する書類で、本人確認書類に準ずるもの（氏名及び住居の記載があるものに限る）

（※）有効期間又は有効期限のある本人確認書類は有効なものに限ります。また、その他の本人確認書類は、特定事業者が提示又は送付を受ける日から遡って６か月以内に作成されたものに限ります。

2 本人確認書類の種類と本人特定事項の確認方法（個人顧客の場合）

1 個人顧客の本人確認書類について

　犯収法上、個人顧客の本人確認書類として認められるものは、表１のとおりです（施行規則第７条第１号）。

　顔写真付き本人確認書類（Ⅰ群。同号イ及びロ）は、対面取引で提示された際に取引を行おうとしている人物（顧客）と写真の人物との同一性を確認できるため、証明力が高いといえます。また、顔写真のない本人確認書類のうちでも、健康保険証などいくつかの種類のもの（Ⅱ群。同号ハ）は、その他のもの（Ⅲ群。同号ニ及びホ）よりも証明力が高いものとされています。

2 補完書類について

　本人確認書類として認められない書類であっても、「補完書類」として本人特定事項（主に住居）の確認に利用できる書類があります（施行規則第６条第２項）。補完書類として認められる書類は、表１の下段に記載したとおりですが、現在の住居の記載があるものでなければ、利用することができませんのでご留意ください（なお、固定電話料金やNHK受信料の領収書は、補完書類として取り扱うことができますが（H27パブコメ78番）携帯電話料金の領収書、公共料金等の請求書などは補完書類としても認められません。また家族名義である場合も、原則、認められません（H27パブコメ77～79番））。

3 個人顧客の本人特定事項の確認方法

　表１のような本人確認書類の分類を前提として、本人特定事項の確認方法は、以下の表２のように決められています。

（1）対面取引（顔写真の有無での区別）

　例えば、顧客が窓口に来て依頼をする取引（対面取引）においては、顔写真付き本人確認書類（表１のⅠ群）であれば、１通の提示を受けれ

ば足りますが（表2の①）、顔写真のない本人確認書類（Ⅱ群、Ⅲ群）であれば、それだけでは足りません（平成28年（2016年）10月施行の改正で厳格化されました）。

すなわち、表1のⅡ群の本人確認書類のうち1通の提示を受けることに加えて、もう1通別の本人確認書類もしくは補完書類の提示を受けるか（表2の②）、その場で2通を用意することが難しい場合には、後日、郵送等によって2通目の別の本人確認書類もしくは補完書類（原本もしくは写し）の送付を受けるか（表2の③）、又は、銀行側から取引関係文書を書留郵便（かつ転送不要郵便）で送付すること（表2の④。表1のⅢ群の提示を受け取引関係文書を送付する方法も許容されます）が必要になります。

なお、犯罪収益移転防止法上、「提示」を受ける方法については、必ず原本の提示を受けることが必要になります。また、「写しの送付」を受ける方法については、FAXによる送信で受けたり、画像ファイルをインターネット、電子メール経由で受けたりすることも許容されると解されています（H20パブコメ別紙2第2項（3）イ、H30パブコメ135番）。

（2）非対面取引（原本か写しかでの区別）

一方で、顧客と対面しない取引（非対面取引）においては、本人確認書類の分類に応じた区別はされていません。非対面取引では、顔写真付き本人確認書類の送付を受けたとしても実際に顧客と見比べることができないのですから、顔写真の有無での区別がないのは当然といえます。

従来は、非対面取引での本人特定事項の確認方法は、本人確認書類（Ⅰ群～Ⅲ群いずれでもよい）1通の原本又は写しの送付を受け、金融機関から当該書類に記載された住居に宛てて取引関係文書を書留郵便（かつ転送不要郵便）で送付する方法が認められていました。しかし、写し（コピー）を利用した偽造書類が多く発見されていたことを受け、令和2年（2020年）4月1日以降は、本人確認書類の写しの送付を受ける場合には、原則として2通の書類が必要となりました。

現在の住居の記載のある本人確認書類の写し2通（2種類）の送付を受ける方法（表2の⑧）のほか、現在の住居の記載のある本人確認書類

の写し1通と現在の住居の記載のある補完書類（原本又は写し）1通の送付を受ける方法（表2の⑨）と、現在の住居の記載のない本人確認書類1通と現在の住居の記載のある補完書類2通（2種類）の送付を受ける方法（表2の⑩）が用意されています（取引関係文書の送付も必要）。

　なお、表2の⑨⑩で用いる補完書類は、1通までは同居人名義の公共料金の領収証書でもよいとされています（施行規則第6条第1項第1号リ括弧書き。⑩で必要となる2通のうち1通は、原則どおり本人名義でなければなりません。）。ただし、同居人であることは合理的な方法で確認される必要があります（H30パブコメ137番参照）。

　また、顧客がマネーローンダリングの危険性が低いと合理的に認められる法人の被用者である場合であって、その法人から給料等の振込を受けることを目的として行う口座開設取引等については、引き続き、本人確認書類の写し1通の送付を受けて取引関係文書を送付する方法で本人特定事項を確認することができます（表2の⑪）。

（3）オンライン完結（eKYC）の確認方法

　平成30年11月30日以降認められている方法として、「特定事業者が提供するソフトウェア」（以下、単に「ソフトウェア」といいます。）を用いる方法があります（このような方法による本人特定事項の確認のことを指して"eKYC"（"electronic Know Your Customer"の略）と呼ぶことがあります。この方法では、郵送物の送付が不要であり、オンラインで確認が完結するため、時機を逃さずにサービスを提供することが可能です）。ソフトウェアは、画像の加工ができない仕組みとなっていて、撮影後直ちに画像データが送信されるものであることが求められます（H30パブコメ22番、51番）。また、カラー画像（動画でも可）で撮影・送信する機能をもつことが必要とされています（H30パブコメ18番）。

　ソフトウェアで本人確認書類の画像情報を撮影させる際には、真正性（偽造でないか）の確認のため、厚みその他の特徴を確認できる必要があるとされています。本人確認書類を斜めに傾けて撮影させるなどの方法をとることになります（H30パブコメ27番等）。

　本人確認書類の画像を受信した場合の真正性の確認は、現在の技術を

【表2　個人顧客の本人特定事項の確認方法（本人確認書類を用いるもの）】

		受付方法	要求される確認手続			根拠条文
対面取引	①	窓口	Ⅰ群の本人確認書類の提示を受ける方法			規則6条1項1号イ
	②		Ⅱ群の本人確認書類の提示を受ける	＋	別の本人確認書類（Ⅱ群、Ⅲ群）又は補完書類の提示を受ける	同ハ
	③	窓口＋送付を受ける		＋	別の本人確認書類又は補完書類の送付を受ける（原木又は写し）	同ニ
	④	窓口＋書留発送	Ⅱ群又はⅢ群いずれかの本人確認書類の提示を受ける			同ロ
非対面取引	⑤	原本等の郵送等（受領）＋書留発送	本人確認書類の原本の送付を受ける		記載されている住居（⑥の場合はICチップに記録されている住居）に宛てて取引関係文書を書留郵便等により転送不要郵便等として送付する	同チ
	⑥		本人確認書類に組み込まれたICチップに記録された本人特定事項の情報の送信を受ける			
	⑦		ソフトウェアを使用して、本人確認書類（Ⅰ群又はⅡ群のうち、1枚に限り発行されたものに限る）の画像情報（厚みその他の特徴を確認できる必要あり）を撮影させ、その送信を受ける	＋		
	⑧	写しの郵送等（受領）＋書留発送	現在の住居の記載のある本人確認書類の写し2種類の送付を受ける			同リ
	⑨		現在の住居の記載のある本人確認書類の写し及び現在の住居の記載のある補完書類（原本又は写し）の送付を受ける			
	⑩		本人確認書類（現在の住居の記載のないもの）の写し及び現在の住居の記載のある補完書類2種類（原本又は写し）の送付を受ける			

	⑪	写しの郵送等（受領）＋書留発送	【顧客がマネロンの危険性が低いと合理的に認められる法人の被用者である場合であって、その法人から給料等の振込みを受けることを目的として行う口座開設取引の場合】及び 【顧客に有価証券を取得させる行為を行うことを内容とする契約締結のうちマイナンバーの提供を受けているもの、又はそれと同時にもしくは連続して行われる社債等振替のための口座開設取引もしくは保護預り取引の場合】 本人確認書類の写しの送付を受け、記載されている住居に宛てて取引関係文書を書留郵便等により転送不要郵便等として送付する		同ヌ
オンライン完結（eKYC）	⑫	ソフトウェアで受信	ソフトウェアを使用して、顧客等の容貌及び写真付き本人確認書類の画像情報（厚みその他の特徴が確認できるもの）を撮影させ、その送信を受ける		同ホ
	⑬		ソフトウェアを使用して顧客等の容貌の画像情報の送信を受けるとともに、写真付き本人確認書類に組み込まれたICチップに記録された本人特定事項及び写真の情報の送信を受ける		同ヘ
	⑭	ソフトウェアで受信＋追加措置	【なりすましの疑い又は偽りの疑いがある場合を除く】 ソフトウェアを使用して、以下のいずれかの送信を受ける 本人確認書類（Ⅰ群又はⅡ群のうち、1枚に限り発行されたものに限る）の画像情報（ソフトウェアで撮影させたもので、厚みその他の特徴が確認できるもの）又は 本人確認書類（同上）に組み込まれたICチップに記録された本人特定事項の情報（ソフトウェアで読み取らせたもの）	＋	以下のいずれかの追加措置を講じる 追加措置1：銀行又はクレジットカード会社が確認済みの確認を行っていることを確認する措置 又は 追加措置2：顧客等の預貯金口座に振込みをして、通帳の写しやインターネットバンキング画面の写しの送付を受ける措置（銀行が本人特定事項の確認を行い、確認記録を保存している場合に限る）	同ト
公的個人認証	⑮	電子証明書による確認	顧客から、公的個人認証サービスの電子証明書（顧客が住民票のある市区町村役場でマイナンバーカードのICチップに記録してもらうことが可能なほか、マイナンバーカードを利用して、Androidスマートフォンに記録することも可能）及び電子署名された取引情報を受信する方法（認定署名検証者による検証が必要。オンラインで完結する）		同ワ

前提とすれば、目視による確認が必要とされています（H30 パブコメ 35 番。これに対して、表2の⑬のように IC チップ情報を受信する場合は、公開鍵などの暗号技術によって真正性を確認する方法も許容されます。H30 パブコメ 43 番）。

③ 見慣れない本人確認書類の取扱いはどうすべき？

1 見慣れない公的書類の提示を受けた場合には、その書類が犯収法上の本人確認書類として認められるものであるか否かに留意する必要があります。

質問にある「小型船舶操縦免許証」や「猟銃・空気銃所持許可証」は、氏名、住居及び生年月日の記載があり、その書類を発行又は発給した官公庁が顔写真を貼り付けたものであれば、表1のⅠ群（その他官公庁から発行され、又は発給された書類その他これに類する書類）に該当し、犯収法上の本人確認書類として認められます（表3参照）。

2 次に、その本人確認書類が偽造でないかどうかを確認することになります。見たこともない本人確認書類ですと、偽造でないかの判断が非常に難しくなります。

そこで、**見慣れない本人確認書類の提示を受けた場合には、必要に応じて、その書類を発行又は発給する官公庁に照会を行うことを検討すべき**といえます。

また、偽造でないことの判断ができない場合には、たとえ法令上は取扱いが許容されている書類であるとしても、取扱いを拒絶する姿勢が重要です。

特に、**顧客が理由なく珍しい本人確認書類を用いる場合には**（車で来店された方であれば運転免許証を持っているはずです）、**なりすましや偽造書類を用いようとしていることも疑われます**。運転免許証をお持ちでないか尋ねるなど、より一般的な本人確認書類の利用を促すなどして、

確実な確認を行うように心がけましょう。

【表3　その他官公庁から発行され又は発給された書類その他これに類する書類の例】

> いずれも官公庁が発行又は発給したものであって、氏名、住居及び生年月日があるものに限る。なお、その書類を発行又は発給した官公庁が顔写真を貼り付けたものであればⅠ群に、それ以外はⅢ群になる。

●仮運転免許証
●外交官等に対する住居証明書
●監理技術者資格者証
●管理業務主任者証
●宅地建物取引士証
●小型船舶操縦免許証
●猟銃・空気銃所持許可証
●災害時医療救護従事者登録証
●労働安全衛生法による免許証
●配置従事者身分証明書
○自衛官診療証
○国民健康保険高齢受給者証
○医療費受給者証
○介護保険資格者証
○健康管理手帳
○公害医療手帳
○被爆者健康手帳
○身体障害者（居宅支援）居宅受給者証
○特定疾患登録者証
○災害対策基本法に基づく罹災証明書（2020年4月に様式が統一されました。現在の住居が記載されているかは丁寧に確認する必要があります）
(注)「●」を付けたものは、顔写真付き本人確認書類（Ⅰ群）に当たることが多いようです。もちろん、取扱いの際には、実際に顔写真が付いているかどうかをよく確認してください。

Q2-3 顧客が SPC などのペーパーカンパニーの場合に留意すべき点はありますか？

> 事例③　資産のオフバランスのために作られたペーパーカンパニーから口座開設（又は送金）の依頼がありました。実質的支配者の申告は受けましたが、申告を信じてよいのでしょうか。

① ペーパーカンパニーの問題点

　SPC などのペーパーカンパニーは、資産のオフバランスや他事業のリスクから切り離した資金調達のための手法として有用なツールであり、必ずしもそれ自体が怪しいものではなく、ペーパーカンパニーであるというだけの理由で、直ちに取引を謝絶する必要はありません。

　しかし、同時に、ペーパーカンパニーは資金の流れを不透明にする側面があるため、マネーローンダリングを行う者にとっても非常に有用であり、金融機関としては慎重に対応する必要があります。

　例えば、金融庁が公表する「疑わしい取引の参考事例」においては、「真の口座保有者を隠匿している可能性に着目した事例」の一つとして「口座名義人である法人の実体がないとの疑いが生じた口座を使用した入出金」が挙げられています。ペーパーカンパニーは、その実体がないと言うこともできますので、これに該当する可能性が高いものとして、真の口座保有者を明らかにすべく慎重に対応をすべきと考えられます。

② 法人顧客の本人特定事項の確認方法

　まずは、取引時確認を行う場合の確認事項について見てみましょう。法人顧客（国、地方公共団体、上場企業等を除きます）の確認事項は、【Q2-1】表イのとおり、法人顧客の本人特定事項、事業の内容、実質的支配者の本人特定事項、及び取引担当者の本人特定事項の 4 つです。加えて、

取引担当者が顧客のために特定取引等の任に当たっていることも確認する必要があります（【コラム2-1】（1）ア）。取引の目的と事業の内容の確認方法については、【Q2-4】を参照してください。

　法人顧客の本人特定事項（名称、及び本店又は主たる事務所の所在地）の確認方法は、表2のとおりです（なお、電子署名を利用する方法（⑦）は、顧客側でも導入のための準備が必要であるため、あまり普及していません）。

　郵送で依頼を受けるなど非対面取引の場合には、原則として本店等^(注)に宛てて取引関係文書を送付する必要がありますが（表2の④から⑥）、登記情報提供サービスを利用して登記情報の送信を受け、取引担当者が代表権を有する役員として登記されていることを確認した場合には、取引関係文書の送付は不要とされています（表2の⑤括弧書き）。

　法人顧客の場合の本人確認書類の種類は、表1のとおりです。また、本人確認書類に現在の本店又は主たる事務所の所在地の記載がない場合には、その記載がある補完書類を確認することで、現在の本店又は主たる事務所の所在地を確認することができます（施行規則第6条第2項）。

（注）本店等とは、本店、主たる事務所、支店（会社法第933条第3項の規定により支店とみなされるものを含む）又は日本に営業所を設けていない外国会社の日本における代表者の住居をいいます（施行規則第6条第1項第3号ロ）。

【表1：本人確認書類及び補完書類の種類（法人）】

証明すべき者	本人確認書類の種類
法人	・設立の登記に係る登記事項証明書（履歴事項全部証明書、現在事項証明書、代表者証明書のいずれでも可。なお、閉鎖事項全部証明書は不可） ・設立の登記をしていないときは、当該法人を所轄する行政機関の長の当該法人の名称及び本店又は主たる事務所の所在地を証する書類 ・印鑑登録証明書（当該法人の名称及び本店又は主たる事務所の所在地の記載があるものに限る）

法人	・その他官公庁から発行され、又は発給された書類その他これに類する書類で、当該法人の名称及び本店又は主たる事務所の所在地の記載があるもの
	補完書類の種類
法人	次の各号に掲げる書類（本人確認書類を除き、領収日付の押印又は発行年月日の記載があるもので、その日が特定事業者が提示又は送付を受ける日から6か月以内のものに限る。） 一　国税又は地方税の領収証書又は納税証明書 二　社会保険料の領収証書 三　公共料金（日本国内において供給される電気、ガス及び水道水その他これらに準ずるものに係る料金をいう）の領収証書 四　日本国政府の承認した外国政府又は権限ある国際機関の発行した書類その他これに類する書類で、本人確認書類に準ずるもの（当該法人の名称及び本店又は主たる事務所の所在地の記載があるものに限る）

（※）有効期間又は有効期限のある本人確認書類は有効なものに限ります。また、その他の本人確認書類は、特定事業者が提示又は送付を受ける日から遡って6か月以内に作成されたものに限ります。

【表2　法人顧客の本人特定事項の確認方法】

	受付方法	要求される確認手続	根拠条文
①	対面取引	本人確認書類の提示を受ける	施行規則6条1項3号イ
②		（一財）民事法務協会の登記情報提供サービスを利用して登記情報を確認する	同ロ
③		法人番号公表サイトにおいて公表されている本人特定事項を確認する	同ハ

④		本人確認書類又はその写しの送付を受ける			同二
⑤	非対面取引	登記情報提供サービスを利用して登記情報の送信を受ける（取引担当者が代表権を持つ役員として登記されている場合は、取引関係文書の送付は不要となる）	+	本店等に取引関係文書を書留郵便等により転送不要郵便等として送付する	同ロ
⑥		法人番号公表サイトにおいて公表されている本人特定事項を確認する			同ハ
⑦		電子証明書及び電子署名された情報の送信を受ける方法			同ホ

3 実質的支配者と取引担当者の確認

1 実質的支配者の本人特定事項の確認

　法人顧客と取引をする場合には、実質的支配者と取引担当者の本人特定事項の確認をする必要があります。

　法人顧客の実質的支配者とは、「その事業経営を実質的に支配することが可能となる関係にあるものとして主務省令（注：施行規則）で定める者」（犯収法第4条第1項第4号）のことをいいます。

　法人顧客の取引担当者から申告を受ける方法で確認します（施行規則第11条第1項）。

　どのような者が実質的支配者に該当するかは、施行規則で詳細に定められており、その概要は、以下の図のとおりです（施行規則第11条第2項から第4項）。図だけでは分かりにくいため、顧客への説明用に以下のようなチェック式の説明書を用いることもあります。

　取引担当者から申告を受けるためには、取引担当者に犯収法上の実質的支配者の定義をよく理解してもらう必要があり、そのためには第1線担当者が分かりやすく説明できる必要があります。

【図（実質的支配者の定義）】

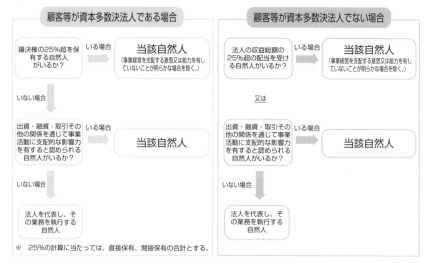

　なお、平成 28 年 10 月に施行された改正によって、個人（自然人）まで遡って確認することとされましたので、留意が必要です（ただし、上場企業等（【Q2-1】の表の※３の①から⑫までに当たるもの）及びその子会社は、個人とみなすものとされていて、実質的支配者になることがあり得ます（施行規則第 11 条第 4 項））。

　また、上記のとおり、犯罪収益移転防止法上は申告でよいとされていますが、金融庁ガイドラインでは（リスクに応じた）「信頼に足る証跡」

を求めることとされています（Ⅱ-2（3）（ⅱ）③）。そして、2018年11月30日以降に設立された株式会社、一般社団法人及び一般財団法人は、公証役場に対して実質的支配者（設立時の公証人への申告内容）の証明書の発行を求めることが可能であり、また2022年1月31日以降は、全ての株式会社（及び特例有限会社）は、商業登記所で自身の実質的支配者情報を登録し、登記所から「実質的支配者情報一覧」という証明書の交付を受けることができるようになりました（ただし、25％超の議決権を保有する実質的支配者の情報に限ります）。そのため今後は、実務上、単なる申告ではなく、取引担当者からこれらの書面の提出を求めることになると考えられます。

【チェック式説明書（実質的支配者の定義）】

□資本多数決法人に該当します。→ Aに進んでください （例：株式会社・有限会社、特定目的会社、投資法人）	□資本多数決法人に該当しません。→アに進んでください （例：一般社団法人、学校法人、宗教法人、医療法人、特定非営利活動法人、合名会社、合資会社、合同会社）
A　議決権50%超を直接又は間接に（※1）保有する個人の方がいますか（※2）。 　　□はい。→その方についてご記入ください。 　　□いいえ。→ Bに進んでください。	ア　収益又は財産の総額の50%超の配当又は分配を受ける個人の方がいますか（※2）。 　　□はい。→その方についてご記入いただくとともに、ウに進んでください。 　　□いいえ。→イに進んでください。
B　議決権25%超を直接又は間接（※1）に保有する個人の方がいますか（※2）。 　　□はい。→その方についてご記入ください。 　　□いいえ。→ Cに進んでください。	イ　収益又は財産の総額の25%超の配当又は分配を受ける個人の方がいますか（※2）。 　　□はい。→その方についてご記入いただくとともに、ウに進んでください。 　　□いいえ。→ウに進んでください。
C　支配的な影響力を有する個人の方（大口債権者、大口出資者等）がいますか。 　　□はい。→その方についてご記入ください。 　　□いいえ。→ Cに進んでください。	ウ　支配的な影響力を有する個人の方（大口債権者、大口出資者等）がいますか。 　　□はい。→その方についてご記入ください。 　　□いいえ。→エに進んでください。
D　A・B・Cについて調査の上でいずれも「いいえ」となった場合には、代表者についてご記入ください	エ　ア・イ・ウについて調査の上でいずれも「いいえ」となった場合には、代表者についてご記入ください

（※1）**ある個人が50%超の議決権を保有する会社が保有する議決権は、当該個人が間接的に保有するものとみなします。**例えば、申込者様の議決権を30%有しているA社の議決権を50%を超えて保有している個人は、申込者様の議決権を30%有しているとみなされます。

（※2）事業経営を支配する意思又は能力を有しないことが明らかな個人は除きます。例えば、信託を通じて議決権を有する場合であって、純投資目的で利用していることが明らかな場合や、病気等により事業経営を行うことができないことが明らかな場合などです。

（※）　**該当する方が複数いる場合には、全員についてご記入ください。**

2 取引担当者の本人特定事項及び取引権限の確認

(1) 取引担当者の本人特定事項

法人顧客の取引時確認の際には、取引担当者の本人特定事項の確認も必要です（犯収法第4条第4項）。その確認方法は、原則として、個人顧客の本人特定事項を確認する方法（【Q2-2】参照）と同じです（施行規則第12条第1項）。

個人顧客の場合との違いは、法人顧客の取引担当者の本人特定事項の確認は、本人確認書類の写し1通の送付を受け、記載されている住居に宛てて取引関係文書を書留郵便等により転送不要郵便等として送付する方法によることも認められている点です（施行規則第12条第2項。顧客が法人格を有してれば、上場企業等の場合も同様です）。

(2) 顧客のために特定取引等の任に当たっていること

また、取引担当者の本人特定事項の確認の前提として、取引担当者が顧客のために特定取引等の任に当たっていること（取引権限）を確認する必要があります（【コラム2-1】参照）。

犯収法上の取引担当者の権限の確認方法は、顧客本人が法人の場合は、次のいずれかによるものとされています（施行規則第12条第5項第2号。顧客本人が自然人の場合は、次のイ、ハ（顧客本人への架電）、ニの方法のほか、取引担当者が顧客の同居の親族又は法定代理人の場合も挙げられています。同項第1号）。

- イ 委任状その他の書面を有していること
- ロ 代表権限のある役員として登記されていること
- ハ 顧客の本店等、営業所又は取引担当者が所属すると認められる官公署に電話をかけること等により確認すること（電話の相手方の役職等に制限はありません。H24パブコメ84番。メールやFAX等での確認も許容されるが、相手方の返信等が必要とされています）
- ニ 従前から取引をしているなどの理由により銀行側にとって明らかであること

法人顧客との取引において、紙の申込書と社印の押印を用いる場合には、申込書に「下記の者を本申込みについての取引担当者とします。」

91

との記載欄を設けることで、上記イを満たすことができます。

　しかし、最近では、ペーパーレスや印鑑レスが広まりつつあり、取引担当者の特定や権限の確認がより微妙な問題になっています。そこで、代表権限のある役員として登記されている方が直接に取引を行っているといえる場合以外の場合では、上記ハやニを用いることも増えると思われ、どのような場合に上記ニ（銀行側にとって明らかな場合）に当たるといえるかなどの整理が必要となっていくものと思われます（例えば、資産運用会社については、法定の開示資料等によって明らかといえる場合もありうると思われます。H24 パブコメ 88 番）。

❹ 顧客がペーパーカンパニーである場合の留意点－エビデンスを求めることについて

① 資金の流れの確認

　顧客が SPC などのペーパーカンパニーの場合には、資金の流れが不透明になっていないか、真の口座保有者が隠匿されていないかについて、留意する必要があります。

　犯収法に基づく実質的支配者の確認及び取引担当者の権限の確認はもちろん、その法人顧客が設立された目的や、関連するスキーム図などについても、申告を求めることが望ましいでしょう（ここでいう関連するスキーム図とは、もともとの資産保有者（いわゆるオリジネーター）や指図を行う者も含めた関係図を想定していますが、マネーローンダリング対策の観点からは、出資者や配当を受ける者を明らかにすることが重要となります）。

② エビデンスを求めることについて

　また、この際に、エビデンスを求めるべきかどうかが問題となります。

　犯収法上は実質的支配者については申告を受ける方法で足りるものとされていますが、ペーパーカンパニーの特殊性を踏まえれば、なるべくエビデンスを提示するように求めるべきといえます。金融庁ガイドライ

ンでも、「顧客及びその実質的支配者の本人特定事項を含む本人確認事項、取引目的等の調査に当たっては、信頼に足る証跡を求めてこれを行うこと」が求められています（Ⅱ-2（3）（ⅱ）③）。

　どのようなエビデンスを求めるべきかが次に問題となりますが、実質的支配者や資金の流れの透明化に資するものとしては、金融商品取引業者やプロジェクトマネージャーが作成した説明資料（資金の流れが分かるもの）や、出資者や受益者が署名押印をしたプロジェクト契約書（関連箇所の写し）などがあり得ると思われます。

Q2-4 取引を行う目的や事業の内容の確認は何のために行うのですか？また、変更があった場合には、どのような確認が必要ですか？

事例④　取引目的や事業内容（個人顧客の場合は職業）を確認していますが、何のために必要なのでしょうか。変更があった場合には住所変更と同じように届出を受けるべきなのでしょうか。

❶ 取引目的等の確認

　取引時確認においては、取引を行う目的、及び職業（個人顧客）又は事業の内容（法人顧客）の確認が必要です（犯収法第4条第1項第2号及び第3号。【Q2-1】表参照）。

　これらの項目は、本人特定事項の確認に比べて注目されることが少ないですが、マネロン対策においては、不正検知や取引モニタリングのための重要な要素になります。

❷ 取引目的等の確認方法

1 確認方法

　犯収法により求められる確認方法は、以下のとおりです。

確認項目	確認方法
取引を行う目的（個人・法人・人格のない社団財団）	申告を受ける方法（施行規則第9条）
職業（個人）	申告を受ける方法（施行規則第10条第1号）
事業の内容（法人）	以下の書類のいずれか又はその写しを確認する方法（施行規則第10条第2号。EDINET等によって開示されているデータやオンライン登記情報提供制度により確認することも許容されています。H24パブコメ56番、57番）

	・定款 ・法令により当該法人顧客が作成することとされている書類で、当該法人顧客の事業の内容の記載があるもの ・設立の登記に係る登記事項証明書 ・設立の登記をしていないときは、当該法人を所轄する行政機関の長の当該法人の事業の内容を証する書類 ・官公庁から発行され、又は発給された書類その他これに類するもので、当該法人の事業の内容の記載があるもの
事業の内容（人格のない社団財団）	申告を受ける方法（施行規則第10条第1号）

2 確認にあたっての留意点

（1）取引を行う目的

　取引を行う目的については、例えば、預貯金口座開設に当たっては、「生活費決済」「事業費決済」「給与受取／年金受取」「貯蓄／資産運用」「融資」「外国為替取引」などの類型から顧客に選択をしてもらうことになります（分類については、金融庁が発出する「犯罪収益移転防止法に関する留意事項について」における例示が参考になります）。なお、商品性や契約内容から取引を行う目的が明らかである場合には、その取引を行ったことをもって取引を行う目的の確認も行ったものとすることができます（H24パブコメ40番）。

（2）職業

　個人顧客の「職業」については、顧客が複数の職業を有しているときは、全ての職業を確認する必要があるものの、一つの職業を確認した場合には他の職業を有していないかについて積極的に確認することまで求めるものではないと考えられます（H24パブコメ44番）。また勤務先の名称等から職業が明らかである場合を除き、勤務先の名称等の確認をもって職業の確認に代えることはできないとされています（H24パブコメ45番）

（3）事業の内容

　また、法人顧客の「事業の内容」についても、法人顧客が複数の事業を営んでいるときは、原則として、それらの事業全てを確認する必要があるとされていますが、営んでいる事業が多数である場合等は、取引に関連する主たる事業のみを確認することも認められると考えられます（主たる事業が取引に関連しない場合には、取引に関連する事業を確認することが想定されます。H24 パブコメ 47 番）。

③ 変更を知った場合の確認記録への付記

　なお、取引目的等が変更されたことを知った場合には、確認記録^(注)への付記が必要となります。

　犯収法に基づき確認記録に記録した事項（氏名、住居、取引目的など取引時確認で確認した情報も記録することとされています）のうち所定のものに変更又は追加があることを知った場合には、特定事業者は、変更後の情報又は追加された情報を確認記録に付記しなければならないとされているためです（施行規則第 20 条第 3 項）。

　この際、取引時確認時（確認記録作成時）の情報を削除してはならないものとされていますので、ご留意ください（過去の変更又は追加時に付記した情報は、古くなれば削除してよいとされていますが、法令上の義務として行った取引時確認時の情報は、削除してはならないものとされています）。

（注）特定事業者は、取引時確認を行った場合には、確認記録を作成し、保存しなければなりません。保存期間は、契約終了日（取引終了日及び確認済みの確認の取引に係る取引終了日のいずれか遅い方）から 7 年間です（犯収法第 6 条。施行規則第 21 条）。犯収法は、確認記録に記録すべき項目を詳細に規定するほか、取引時確認において、本人確認書類又は補完書類（いずれも原本又は写し）の送付を受けた場合や民事法務協会のサービスで登記情報を確認した場合等には、その写し（特定事業者が作成するものも含みます）を添付することが求められています（施行規則第 19 条第 1 項第 2 号）。なお、記録すべき項目の 1 つである本人確認書類を特定するに足りる事項についての留

意点として、【コラム2-2】記載のもののほか、船舶観光上陸許可証については（同書そのものの番号でなく）（ⅰ）書類の名称、（ⅱ）同書に記載された国籍・地域及び（ⅲ）旅券番号を記録する必要があります。

　また、特定業務に係る取引については、財産の移転がなされないもの又は移転に係る財産が5万円以下であるものなどの例外を除き、特定事業者は日付や金額などいくつかの項目を保存する必要があり、これは取引記録と呼ばれています（犯収法第7条）。取引記録は、取引日から7年間保存する必要があります（同条第3項）。特定業務に係る取引は、特定取引等（取引時確認が必要となる取引）よりも範囲が広く、預貯金口座の引出しなど銀行業に係る取引が広く含まれます（【Q1-8】「犯収法の適用範囲」参照）。

④ 疑わしい取引の検知への利用

　取引目的等は、資金の追跡可能性に直接影響するものではありませんが、マネロンに利用されている疑いのある取引を検知するためには、重要な要素となります。すなわち、取引目的や職業に照らして、不自然又は異様な取引が行われる場合には、疑わしい取引に該当する可能性があると考えられます（疑わしい取引の参考事例においても、「口座開設時に確認した取引を行う目的、職業又は事業の内容等に照らし、不自然な態様・頻度で行われる取引」（第3(9)）や「公務員や会社員がその収入に見合わない高額な取引を行う場合」（第8(1)）という例が挙げられています）。

　また、顧客がどのような人物・団体で、どのような取引目的を有しているのか、資金の流れはどうなっているかなど、顧客に係る基本的な情報を適切に調査することは、金融庁ガイドラインで求められている「顧客管理（カスタマー・デュー・ディリジェンス：CDD）」の本質的な要素になります（金融庁ガイドラインⅡ-2(3)）。

　「顧客管理（カスタマー・デュー・ディリジェンス：CDD）」においては、マネロンの観点から、その顧客の情報を適切に収集及び調査し、リスクの高低を検証し（与信リスクの高低とは連動しない点に留意が必要です。）、講ずべき低減措置の判断・実施に活かすことが求められ、顧

客の営業内容、所在地等が取引目的、取引態様に照らして合理的でない
ときは、取引開始前や多額の取引等に際し、営業実態や所在地等を把握
する等が求められています。

　この観点からは、(従来の犯収法対応においては、あまり注目されて
いませんでしたが、) 取引目的等の確認及び管理も、より一層注目され
るべきものと思われます。特に 2021 年 8 月に公表された FATF 相互審
査結果では、顧客管理で得られた情報を取引モニタリングシステムに統
合することが求められており、事業内容や取引目的を取引モニタリング
のシナリオや敷居値に組み込むことが重要になっています。

Q2-5 登録されている顧客情報が少し前のものですが問題はありますか？

事例⑤　取引時確認が一度完了した顧客について、通常、確認済みの確認で対応しています。個人顧客の方から住所が変わったとのことで、登録されている住所とは別の連絡先に明細を送付してほしいといわれましたが、確認済みの確認で対応をしていれば大丈夫でしょうか。

❶ 確認済みの確認とは？

　取引時確認が一度完了した顧客については、以後は、特定取引等を行う場合であっても、いわゆる確認済みの確認を行えば、取引時確認が不要となり、簡易な手続で済みます（犯収法第4条第3項）。

　確認済みの確認とは、既に取引時確認を行っている顧客（確認記録が保存されている者に限る）との同一性を確認することをいい、その方法には、①預金通帳など顧客しか持っていない物の提示又は送付を受ける方法、又は②パスワードなど顧客しか知り得ない事項の申告を受けることの2つがあるほか、③顧客又は取引担当者と面識があり同一性が明らかである場合にも確認したものとすることができるとされています（施行規則第16条。静脈認証など生体認証の方法により同一性が確認できた場合は、②に該当するものと考えられます）。

　なお、上記③については、簡易かつ便利な手続ではありますが、面識についてエビデンスを残すことが難しいため、事後検証の観点からあまり望ましくない点をご留意ください。

　また、顧客の同一性が確認できれば、取引担当者や実質的支配者が変更されていても確認済みの確認で取引時確認を不要とすることができますが（H24パブコメ103番、104番。顧客が人格のない社団又は財団のときは取引担当者が変更された都度、取引時確認が必要です）、取引担

当者や実質的支配者の本人特定事項（確認記録の記録事項です）に変更があったことを知ったときは確認記録への付記が必要となる点、ご留意ください（施行規則第20条第3項）。

❷ 確認済みの確認を用いることができない場合—疑わしい取引の参考事例

［1］ 確認済みの確認を用いることができない場合

　確認済みの確認については、用いることができない場合があります。その場合には再度の取引時確認が必要となりますので、留意が必要です。

　確認済みの確認を行うことができない取引は、次のとおりです（施行規則第17条）。なお、同種の通常取引と比べて著しく異なる態様で行われる取引とは、例えば、「疑わしい取引」に該当するとは直ちに言えないまでも、その取引の態様等から類型的に疑わしい取引に該当するおそれがあるもので、業界等における一般的な知識・経験・商慣習等に照らして、これらから著しく乖離している取引等（定期的に返済されているものの、予定外に一括して融資の返済が行われる取引など）を含みます（H27 パブコメ 56 番）。

 ① 疑わしい取引
 ② 同種の通常取引と比べて著しく異なる態様で行われる取引
 ③ なりすましの疑いがある取引
 ④ 確認事項に虚偽の疑いがある顧客との取引
 ⑤ ハイリスク取引
 ⑥ 顧客が人格のない社団又は財団である場合であって、取引担当者が変わった場合

注：ハイリスク取引とは、（ア）関連取引の顧客に成りすましている疑いのある顧客との取引、（イ）関連取引の際の確認事項に虚偽の疑いがある顧客との取引、（ウ）イラン・北朝鮮に居住・所在する顧客等との特定取引、（エ）外国 PEPs 等との特定取引のことをいいます。③・④と、（ア）・（イ）は、重なり合いますが、「関連取引」に限定されないため、③及び④の方が広いことになります。

2 疑わしい取引

　上記の確認済みの確認を用いることができない場合のうち「疑わしい取引」について、以下でもう少し説明します。

　疑わしい取引とは、（A）銀行が取引に関して収受した財産が犯罪による収益である疑いがある取引、及び、（B）犯罪によって財産（お金に限らない）を得た事実をごまかしたり、犯罪によって得た財産を隠したりしている疑いがある顧客との取引のことをいいます（施行令第7条第1項柱書）。

　また、疑わしい取引は行政庁に届出をしなければなりませんが（犯収法第8条第1項）、取引を行う際に上記A又はBの疑いがあると判断し取引時確認を行った場合であっても、確認結果を勘案の上で疑いが晴れた場合には、届出は不要となります（H27パブコメ59番参照）。なお、取引を行う際には疑わしい点がなかったものの、後に判明した事情から疑わしい取引に該当すると判断される場合には、遡って取引時確認をする義務が生じるわけではないとされています（同パブコメ4番、151番参照）。

　疑わしい取引に該当するか否かは、様々な要素を勘案して判断すべきですが（勘案すべき事項と判断方法については、【第3章　はじめに】をご参照ください）、行政庁が公表する「疑わしい取引の参考事例」が、その名のとおり、大変参考になります。

疑わしい取引の参考事例（預金取扱い金融機関）（一部抜粋）

第1　現金の使用形態に着目した事例

（1）　多額の現金（外貨を含む。以下同じ）又は小切手により、入出金（有価証券の売買、送金及び両替を含む。以下同じ）を行う取引。特に、顧客の収入、資産等に見合わない高額な取引、送金や自己宛小切手によるのが相当と認められる場合にもかかわらず敢えて現金による入出金を行う取引

（2）　短期間のうちに頻繁に行われる取引で、現金又は小切手による入出金の総額が多額である場合。敷居値を若干下回る取引が認められる場合も同様とする。

第2　真の口座保有者を隠匿している可能性に着目した取引

（2）　口座名義人である法人の実体がないとの疑いが生じた口座を
　　　使用した入出金。
（3）　住所と異なる連絡先にキャッシュカード等の送付を希望する
　　　顧客又は通知を不要とする顧客に係る口座を使用した入出金。
（5）　当該支店で取引をすることについて明らかな理由がない顧客
　　　に係る口座を使用した入出金。
（6）　名義・住所共に異なる顧客による取引にもかかわらず、同
　　　一の IP アドレスからアクセスされている取引。
（9）　取引時確認で取得した住所と操作している電子計算機の IP
　　　アドレス等とが異なる口座開設取引。
（10）　同一の携帯電話番号が複数の口座・顧客の連絡先として登録
　　　されている場合。
第3　口座の利用形態に着目した事例
（4）　多数の者に頻繁に送金を行う口座に係る取引。特に、送金を
　　　行う直前に多額の入金が行われる場合。
（5）　多数の者から頻繁に送金を受ける口座に係る取引。特に、送
　　　金を受けた直後に当該口座から多額の送金又は出金を行う場
　　　合。
（7）　通常は資金の動きがないにもかかわらず、突如多額の入出金
　　　が行われる口座に係る取引。
（10）　異なる名義の複数の口座からの入出金が、同一の時間帯又は
　　　同一の現金自動支払機を用いて頻繁に行われるなどの第三者に
　　　よる口座の管理等が疑われる取引。
第6　外国との取引に着目した事例
（4）　経済合理性のない多額の送金を他国から受ける取引。
（10）　輸出先の国の技術水準に適合しない製品の輸出が疑われる取
　　　引。
第7　融資及びその返済に着目した事例
（1）　延滞していた融資の返済を予定外に行う取引。
（2）　融資対象先である顧客以外の第三者が保有する資産を担保と
　　　する融資の申込み。

第8　その他の事例

(12)　資金の源泉や最終的な使途について合理的な理由があると認められない非営利団体との取引。

(15)　財産や取引の原資について合理的な理由があると認められない外国 PEPs との取引。

(18)　技能実習生等外国人の取引を含め、代理人が本人の同意を得ずに給与受取目的の口座開設取引を行っている疑いが認められる場合。

3 情報を最新の内容に保つ措置を講じる義務とデータ管理（データ・ガバナンス）

1 確認済みの確認が実施できる期間

　確認済みの確認は、取引時確認を実施した時期からの期間などの制限はありませんので、取引時確認を実施した際に作成した確認記録が保管されている限り、半永久的に確認済みの確認を実施することができます。

　表題の質問については、確認済みの確認を用いることができない場合（上記 2 1 ①から⑥）に当たらなければ、パスワードの入力などをしてもらうことで、確認済みの確認ができます。

2 情報を最新の内容に保つための措置

　また、犯収法上、特定事業者には、態勢整備義務の一環として、本人特定事項や取引目的など取引時確認で確認した情報を最新の内容に保つための措置を講ずる義務があるとされています（犯収法第 11 条柱書）。

　ただし、この規定は、顧客等が特定事業者にこれを届け出る旨を約款に盛り込むこと等の措置を講ずることを想定しているものとされており（H24 パブコメ 21 番）、特定事業者が何らかのアクションを起こすことまで求めるものではありません。

　もっとも、住居取引目的などの情報が古いままでは、銀行からの郵送物の未達や、登録情報と整合しない取引（旧住居と離れた場所での利用など）が取引モニタリングにおいて不審な取引として検知されることによって取引停止などの措置が講じられるおそれがありますので、顧客のためにも、最新の情報を登録してもらうことが重要と考えられます。

　金融庁ガイドラインにおいても、**リスクに応じた頻度や手法で、定期的に顧客情報の確認を実施することが求められている**（金融庁ガイドラインⅡ-2（3）（ⅱ）⑩ニ【Q3-1】❸参照）ほか、「データ管理（データ・ガバナンス）」がリスク低減措置の1項目として掲げられ（金融庁ガイドラインⅡ-2（3））、取引モニタリング・フィルタリングなどITシステムを有効に活用する観点から、**データを正確に把握・蓄積し、分析可能な形で整理するなど、データの適切な管理が求められる**として、その重要性が指摘されています（【Q3-3】❸参照）。

　この趣旨も踏まえれば、住居などの情報が変更となっているおそれがあれば、顧客に対して変更の届出を促すなどの措置を講じることが求められます。

　なお、住居変更の申告を拒むなど、不審な点がある場合には、疑わしい取引に該当する可能性があり、その場合には、確認済みの確認を用いることができないことになります。

Q2-6 ハイリスク取引を行う場合には、どのような確認方法となるのですか？

事例⑥　顧客が外国PEPsに該当するようです。外国PEPsとの取引は、ハイリスク取引だと聞きましたが、どのような確認方法となるのでしょうか。

1 ハイリスク取引を行う際の厳格な確認

　外国PEPsである顧客との間で行う特定取引は、ハイリスク取引に当たります（犯収法第4条第2項第3号、施行令第12条第3項。【第2章はじめに】の⑦の取引）。そのため、確認方法が厳格化されます（厳格な確認）。

　本節では、まず、外国PEPsについて確認した後、ハイリスク取引を行う場合の確認方法、留意点について説明します。

2 外国PEPs該当性について

　外国PEPsは、「外国において公的に重要な地位にある者」といわれることもありますが、外国において以下の（1）から（8）に該当する者又は過去に該当したことのある者、その者の家族、その者が実質的支配者である法人のことを指します（施行令第12条第3項、施行規則第15条）。

　なお、「家族」の範囲は、ここでは、配偶者（事実婚を含みます）、父母、子及び兄弟姉妹ならびにこれらの者以外の配偶者（事実婚を含みます）の父母及び子をいうとされています（施行令第12条第3項第2号）。

　国籍や居住地は問われませんので、日本に住居がある日本人であっても、外国PEPsに該当する場合があります。

　顧客が外国PEPsに該当するか否かの確認は、商業用データベースを

活用して確認する方法のほか、インターネット等の公刊情報を活用して確認する方法、顧客に申告を求める方法等が考えられ、特定事業者がその事業規模や顧客層を踏まえて、各特定事業者において合理的と考えられる方法で行われることとされています（H27パブコメ22番）。

【外国PEPsとなる地位】

(1) 元首

(2) 日本における内閣総理大臣その他の国務大臣及び副大臣に相当する職にある者

(3) 日本における衆議院議長、衆議院副議長、参議院議長又は参議院副議長に相当する職にある者

(4) 日本における最高裁判所の裁判官に相当する職にある者

(5) 日本における特命全権大使、特命全権公使、特派大使、政府代表又は全権委員に相当する職にある者

(6) 日本における統合幕僚長、統合幕僚副長、陸上幕僚長、陸上幕僚副長、海上幕僚長、海上幕僚副長、航空幕僚長又は航空幕僚副長に相当する職にある者

(7) 中央銀行の役員の職にある者

(8) 予算について国会の議決を経、又は承認を受けなければならない法人の役員の職にある者

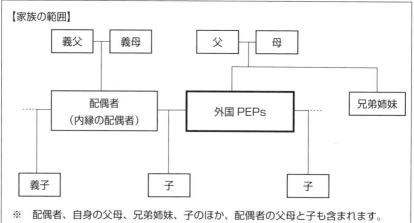

【家族の範囲】

※ 配偶者、自身の父母、兄弟姉妹、子のほか、配偶者の父母と子も含まれます。祖父母や孫は含まれません。

③ ハイリスク取引を行う際の確認方法

ハイリスク取引を行う際に、犯収法により求められる確認方法は、以下のとおりです。

1 本人特定事項（顧客及び取引担当者）

ハイリスク取引の場合の顧客の本人特定事項の確認方法は、通常の確認方法と同様の方法（施行規則第14条第１項第１号）での確認を行うとともに、もう１枚別の種類の本人確認書類もしくは補完書類の原本の提示を受けるか、又は、その原本もしくは写しの送付を受ける必要があります（施行規則第14条第１項第２号）。

なお、口座名義人になりすまして出金依頼をしている疑いがある場合など関連取引の顧客になりすましている疑いがある場合や、関連取引の際の取引時確認で虚偽申告をした疑いがある場合（犯収法第４条第２項第１号イに該当する場合）。【第２章　はじめに】の④⑤の取引には、関連取引の際の取引時確認に用いた本人確認書類及び補完書類以外の本人確認書類又は補完書類を少なくとも１つ用いなければならないとされています（施行規則第14条第１項柱書）。

取引担当者の本人特定事項の確認方法も同様です（施行規則第14条第１項）。

2 取引目的等

取引目的及び職業・事業内容の確認方法については、通常の特定取引の場合の確認方法と同様です（施行規則第14条第２項。通常の特定取引の場合の確認方法については【Q2-4】参照）。

3 実質的支配者

実質的支配者の本人特定事項の確認方法は、申告を受けるだけではなく（通常の確認方法は、申告を受けるだけです【Q2-3】）、次の書類（又はその写し）を確認するものとされています（施行規則第14条第３項）。
・法人顧客が資本多数決法人の場合　株主名簿、有価証券報告書その他

これらに類する当該法人顧客の議決権の保有状況を示す書類（2022年1月31日以降に運用が始まった商業登記所交付の「実質的支配者情報一覧」も、これに含まれると考えられます。【Q2-3】参照）

・法人顧客が資本多数決法人以外の法人である場合　次の①から③の書類のいずれか（有効期間又は有効期限のある本人確認書類は有効なものに限り、その他のものは、特定事業者が確認する日から遡って6か月以内に作成されたものに限ります）

① 当該法人顧客の設立の登記に係る登記事項証明書

② 上記①のほか、官公庁から発行され、又は発給された書類で、当該法人顧客を代表する権限を有している者を証するもの

③ 外国に本店又は主たる事務所がある場合には、上記①②のほか、日本国政府の承認した外国政府又は権限ある国際機関の発行した書類で、当該法人を代表する権限を有している者を証するもの

④ 資産及び収入の状況

　ハイリスク取引であって、かつ取引の価額が200万円を超える場合のみ、資産及び収入の状況が確認項目となります（【Q2-1】表の※2）。この項目の確認方法は、以下の書類の原本又は写しを1点又は複数確認する方法によります（施行規則第14条第4項）。

　なお、資産及び収入の状況の確認は、疑わしい取引の届出を行うべき場合に該当するかどうかの判断に必要な限度で行うものとされています（犯収法第4条第2項後段）。必ずしも資産と収入の両方の状況を確認する必要がある訳ではないとされており（H24パブコメ97番）、特定事業者が保有している預金残高の情報により確認することも可能とされています（同98番）。確認に用いる書類の範囲は、顧客の資産及び収入の状況が取引を行うに相当なものであるかを判断するという観点から、特定事業者において判断することになります（同99番）。

・個人顧客の場合　次の書類

① 源泉徴収票

② 確定申告書

③　預貯金通帳
④　上記①から③までのほか、これらに類する顧客の資産及び収入の状況を示す書類（例えば、残高証明書、支払調書、給与の支払明細書、納税通知書、納税証明書、所得証明書などが想定されます。H24パブコメ100番）
⑤　顧客の配偶者（事実婚を含みます）に係る上記①から④の書類
・法人顧客の場合　次の書類
①　貸借対照表
②　損益計算書
③　上記①②のほか、これらに類する顧客の資産及び収入の状況を示す書類（例えば、有価証券報告書、正味財産増減計算書、預貯金通帳、法人税申告書別表二（同族会社の判定に関する明細書）などが想定されます）

4　リスクの高い取引の承認

1　犯収法上の体制整備義務

　ハイリスク取引などのリスクの高い取引 (注) を行う際には、犯収法上、統括管理者の承認を受けさせることが求められています（犯収法第11条第4号、施行規則第32条第1項第4号）。

　リスクが高い取引を行う際には、リスクを評価するに当たって専門的な知識や経験が必要となるだけでなく、最終的にはリスクを取れるか否かの判断を行う必要があるところから、統括管理者の承認を得ることが求められているものと考えられます。なお、犯収法上、統括管理者の承認は、必ずしも取引の前に受ける必要はないとされています（H27パブコメ190番）。

　（注）犯収法では、①ハイリスク取引、②疑わしい取引、③同種の通常取引と比べて著しく異なる態様で行われる取引、及び④犯罪収益移転危険度調査書を勘案してリスクが高いと認められる取引がこれに当たるとされています（施行規則第27条第3号、第32条第1項第4号）。

これに当たる場合には、取引を行う際に統括管理者の承認が必要となるほか（本文参照）、疑わしい取引の届出をする際にも、統括管理者が疑わしい点があるかを確認することが必要となります（【第3章はじめに】参照）。

② 金融庁ガイドラインにおける厳格な顧客管理（EDD）

金融庁ガイドラインは、犯収法の要求に留まらず、自らが特定・評価したリスクに見合ったリスク低減措置を講じることを求めています（リスクベースアプローチ）。

この観点から、リスクの高い顧客との間では、以下のような厳格な顧客管理（EDD）を実施する対応が求められています（金融庁ガイドラインII-2（3）（ⅱ）⑦イからニまで）。

① 資産・収入の状況、取引の目的、職業・地位、資金源等について、リスクに応じ追加的な情報を入手すること

② リスクに応じて当該顧客との取引の実施等につき、上級管理職の承認を得ること

③ リスクに応じて、当該顧客が行う取引に係る敷居値の厳格化等の取引モニタリングの強化や、定期的な顧客情報の調査頻度の増加等を図ること

④ 当該顧客と属性等が類似する他の顧客につき、リスク評価の厳格化等が必要でないか検討すること

ハイリスク取引の場合の犯収法上の要求と類似する側面がありますが（特に上記①②）、ハイリスク取引に該当しない取引であっても、リスクが高いと判断された場合には適用を検討すべきであることにご留意ください。

Q2-7 顧客がマイノリティに属する方の場合に特に留意すべき点はありますか？

事例⑦　個人顧客の方で、申告及び本人確認書類上は女性ですが、外見は男性の方から口座開設の依頼を受けました。マネーローンダリング対策の観点からはどのように対応すべきでしょうか。

❶ 原則としては疑わしい事情があれば更なる確認を

　原則としては、疑わしい点があれば、慎重に確認を行うことが必要です。本人確認書類上は女性であるのに、外見が男性である場合には、金融機関としては、なりすまし等による犯罪の可能性を疑い、本人であることを慎重に確認する必要があります。

　実際にも、ATMにおいて異なる性別と思われる名義のキャッシュカードを利用している方に対し声をかけたところ、不正に取得したものであることが判明した事案等は、少なくないと思われます。

❷ 社会の多様性の受容とマイノリティへの配慮は必要

［1］社会の多様性の需要

　しかしながら、少なくとも性別によって疑わしいと判断する場合には、最近の調査結果では約8％の人がセクシュアルマイノリティに該当する可能性があるというデータもあることを踏まえ（株式会社LGBT総合研究所（博報堂DYグループ）による意識調査、「大阪市民の働き方と暮らしの多様性と共生にかんするアンケート」(注)）、顧客がセクシュアルマイノリティに該当する可能性に留意する必要があるといえます。

株式会社 LGBT 総合研究所の調査においては、有効回答のうち「スト
　　　レート」以外（「レズビアン」、「ゲイ」、「バイセクシュアル」、「トランス
　　　ジェンダー」、「Ａセクシュアル」及び「その他」）の割合が 8.0％ でし
　　　た（2016 年 5 月インターネット調査）。「大阪市民の働き方と暮らしの
　　　多様性と共生にかんするアンケート」においては、有効回答のうち、「ゲ
　　　イ・レズビアン」「バイセクシュアル」「アセクシュアル」「決めたくない・
　　　決めていない」の割合の合計が 8.1％ でした（2019 年 1 月～2 月　郵
　　　送アンケート）。なお、「Ａセクシュアル」や「アクセシュアル」は、他
　　　者に対し、性的指向を持たない層を意味します。

② 性別の申告を受ける際の配慮

　自身の性別に違和感を覚えている顧客や性別を決めたくないと感じて
いる顧客は、一定数存在します。そもそも犯収法上、性別の確認は必須
ではありません。

　性別の申告を受ける際には、このことに留意して、回答を任意とした
り、選択肢として男女だけでなく「その他」を設けたりすることが望ま
しいと思われます。

③ 性別により疑わしいと判断した際の配慮

　性別によって疑わしいと判断する場合においても、顧客がセクシュア
ルマイノリティに属する可能性を考慮に入れ、安易に取引の拒絶等をせ
ずに、顔写真付きの本人確認書類の提示を求めるなどの所定の確認措置
を講じることが望ましいと考えられます。本人確認書類に貼付されてい
る顔写真と実際の顧客の容貌が異なる場合には、その点について説明を
求めることになると考えられます。

　以上の措置によって疑わしい点が払拭できた場合には（適宜、上長の
承諾を仰ぐべきと考えられます）、通常の取引として取り扱うことにな
るはずです。

　また、同じ顧客に対して、今後同様の疑念が生じる可能性が高いため、
確認が取れた際には、顧客データとして付記し、保存しておくなど、適
切なデータ管理を行うことが望ましいと考えます。

③ 顧客が外国人の場合は？─在留期間に注意─

　顧客が外国籍の方である場合は、特別な留意が必要です。

１ 政府一丸となった外国人材の受入れ・共生への推進

　政府は、2018 年（平成 30 年）12 月 25 日に「外国人材の受入れ・共生のための総合的対応策」を取りまとめ、2019 年（令和元年）6 月 18日に「外国人材の受入れ・共生のための総合的対応策の充実について」を、関係閣僚会議において決定しました。

　これらにおいては、外国人、特に 2019 年 4 月施行の新たな在留資格（「特定技能１号」「特定技能２号」）を持つ方や技能実習生が、給与受取り用などの口座開設を円滑に行える環境整備の重要性が強調されています（「全ての金融機関において、新たな在留資格を有する者及び技能実習生が円滑に口座を開設できるよう、要請する。」（「外国人材の受入れ・共生のための総合的対応策」Ⅱ 2（2）⑤））。

２ 外国人顧客とマネロンの関係

　一方で、外国人顧客については、マネロンへの関与が一定数認められる旨が報告されており、日本の法令への理解が甘い外国人留学生等が在留期間の満了時に銀行口座の譲渡などの犯罪に関与してしまう事例も報告されています（2019 年 5 月 8 日日本経済新聞朝刊「口座売買 資金洗浄の温床に 銀行は対策急ぐ」）。

　また、国家公安委員会の公表した「犯罪収益移転危険度調査書」（令和 4 年 12 月）では、来日外国人による組織的な犯罪の中で、マネロン事犯が敢行されている実態が認められ、中国人グループによる不正に入手したクレジットカード情報を利用して名義人になりすまして商品を窃取した上で、処分役等に転送するなどの事犯、ベトナム人グループによる万引き事犯、ナイジェリア人グループによる国際的な詐欺事犯等に関連したマネロン事犯等の事例がみられると指摘されています（令和 3 年中のマネロン事犯の検挙事例のうち、来日外国人によるものは 91 件で

あり、全体の 14.4% を占めており、国籍別では中国及びベトナムが多く、特に中国が全体の半数近くを占めているとのことです。また、過去 3 年間の預貯金通帳・キャッシュカード等の不正譲渡等に関する国籍別の検挙数は、ベトナムが全体の約 7 割を占めているとのことです)。

これらの事情を踏まえれば、来日外国人を顧客とする取引については、日本人その他の日本に永住する資格のある者との取引と比較して、リスクが高いと評価することは、やむを得ないものと考えられます。ただし、**外国人顧客との取引において講じるリスク低減措置は、リスクに見合ったものである必要があり、マネー・ローンダリング及びテロ資金供与対策の名目で合理的な理由なく取引を謝絶したり、外国籍であることのみを理由として不必要又は不合理に厳しい措置を講じることは、人権や平等原則への配慮からも厳に避けるようにしましょう。**

③ 外国人顧客と口座開設取引を行う際の留意点

(1) 在留期間の確認

外国人顧客と口座開設取引を行う際には、上記のとおり、外国人留学生等が在留期間満了時に銀行口座を売却している事例が生じていることを踏まえ、なるべく在留期間を確認し、在留期間経過後に国内で口座が利用される場合には疑わしい取引として検知できるような態勢を構築することが望ましいと考えられます。

また、**在留期間満了時には、預金口座の解約をすべきであること、銀行口座の売却や預金口座を他人に使わせることが犯罪であること等を説明し、顧客が不注意で犯罪に巻き込まれるリスクを減らすような措置を講じるべきといえます。**

詳しくは、金融庁が公表している「外国人の預貯金口座・送金利用について」をご参照ください。また、全銀協は、外国人顧客向けに「口座開設手続等に関するチラシ」を 13 か国語で用意しています。

(2) 外国人顧客の取引時確認についての特則

日本に住居を有しない外国人で日本に在留する方(旅行客など)との間で、現金取引、両替又は旅行小切手の販売・買取りを行う場合につい

ては、パスポート又は乗員手帳（まとめて「旅券等」といいます）の記載により母国の住居が確認できないときは、国籍及び旅券等の番号が、住居に代わる本人特定事項になります（犯収法第4条第1項第1号、施行令第10条、施行規則第8条第1項第1号。H20パブコメ別紙2第2項（5）イ）。この場合、国籍及び旅券等の番号の記載のある書類（通常は旅券等）の提示を受ける方法により、本人特定事項の確認を行うことになります（施行規則第6条第1項第2号）。

なお、パスポート等の記載から在留期間が90日を超えないことが確認できたときは、日本に住居を有しないことになるとされています（施行規則第8条第2項）。

また、非在留外国人や外国法人については、【Q2-2】や【Q2-3】に記載した書類のほか、外国政府又は国際機関の発行した書類であってそれらに準じるもの（本人特定事項の記載があるものに限る）も本人確認書類として使用できるものとされています。

確認してはいけない情報？—マイナンバー、年金基礎情報、住民票コード、本籍地—

　本人確認書類を用いて取引時確認を行う際に、マイナンバー、基礎年金番号、住民票コード及び被保険者等記号・番号等の取扱いには、留意が必要です。また、本籍地についても、金融分野における個人情報保護に関するガイドラインにおける「機微情報（センシティブ情報）」に該当するため、留意が必要です。

1　マイナンバー

　マイナンバーの収集等は、原則として禁止されています（行政手続における特定の個人を識別するための番号の利用等に関する法律第15条及び第20条）。そのため、取引時確認の事務において、不用意にマイナンバーを取得しないように留意する必要があります。

　例えば、マイナンバーを書き写したり、顧客データベースに入力したりしないように留意しましょう。犯収法上、本人確認書類の提示を受けた場合には、確認記録に、「当該本人確認書類又は補完書類の名称、記号番号その他の当該本人確認書類又は補完書類を特定するに足りる事項」（例：運転免許証の番号）を記録しなければなりませんが（施行規則第20条第1項第18号）、個人番号カードの提示を受けた場合には、（ⅰ）個人番号カードである旨、（ⅱ）発行者及び（ⅲ）有効期間を記録するなどして、マイナンバーを記録しないように気を付けましょう。

　また、犯収法上、本人確認書類又はその写しの送付を受けた場合には、それを確認記録に添付しなければなりません（施行規則第19条第1項第2号イ、ホ、へ等）。個人番号カード（表面に氏名、住居及び生年月日が記載されており、裏面にマイナンバーが記載されています）の写しや住民票謄本（発行を受ける際にマイナンバーの記載の有無を選択できます）の送付を受ける場合には、マイナンバーの記載のないものを送付するよう案内するとともに、仮にマイナンバーの記載のあるものの送付を受けた場合には、マイナンバー部分を復元できない程度にマスキングするべきです。

2 基礎年金番号・住民票コード

基礎年金番号については、取得や保存自体を禁止する規定はありませんが、告知を求めること等が禁止されています（国民年金法第 108 条の 5）。犯収法上の事務を処理している場合には、直ちにこの規定に違反するものではないと考えられますが、その趣旨を踏まえ、マイナンバーと同様の対応をとることが望ましいと考えます。

また、顧客向けのリーフレット等に本人確認書類の例として国民年金手帳を掲げる場合には、基礎年金番号の告知を求めているかのような記載振り（「基礎年金番号が記載された面の写しを送付してください」など）とならないように留意すべきと考えられます。

住民票コードについても、告知を求めることが禁止されているため（住民基本台帳法第 30 条の 37、第 30 条の 38）、同様となります。

3 被保険者等記号・番号等

令和 2 年（2020 年）10 月 1 日以降、健康保険法等の改正が施行され、医療保険の被保険者等記号・番号等についても告知を求めることが禁止されることになりました（健康保険法第 194 条の 2 等。なお、介護保険の被保険者は改正の対象外です）。

そのため、基礎年金番号と同様に、マスキングの案内及びマスキングの実施をすることとして、「被保険者証の記号・番号が記載された面の写しを送付してください」といった記号番号の告知を求めているかのような記載振りを行わないように留意すべきと考えます。

なお、被保険者等記号・番号等には、被保険者等記号・番号のほか、保険者番号も含まれますので、ご留意ください（下の図の枠囲みの部分）。

また、取引時確認に被保険者証を用いた場合には、確認記録には（ⅰ）被保険者証の名称、（ⅱ）発行主体及び（ⅲ）交付年月日等を記録することになると考えられます。

4 本籍地など

本籍地は、金融分野における個人情報保護に関するガイドラインにおける「機微情報（センシティブ情報）」に該当するため、「本人の同意に基づき業務遂行上必要な範囲」に限って取得することができます（同ガイドライン第 5 条）。

よって、住民票謄本の取得の際などには、安易に本籍地情報を取得しないよう留意する必要があります。

　なお、しばしば質問を受けますが、国籍は機微情報には該当しません。

　また、臓器提供意思表示については、原則として機微情報には該当しないと考えますが、金融機関等の業務にとって不要な情報ですので、取得しないこととしている金融機関等も少なくないと伺っています。

図：被保険者等記号・番号等

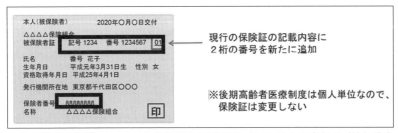

出典：社会保障審議会（医療保険部会）平成30年12月6日資料3（被保険者等記号・番号等の枠囲みは筆者）

3 第1線担当者の継続的な顧客管理及び疑わしい取引への対応

はじめに ―継続的な顧客管理とは？―

① 本章の内容

　マネロン対策においては、入り口において取引時確認によって確認することと同様に、その後の継続的な顧客管理も重要とされています（犯収法第8条、金融庁ガイドラインⅡ-2（3）（ⅱ）⑩）。

　本章では、取引を開始した後の顧客管理の方法について、いくつか事例を挙げて検討します。

　継続的な顧客管理においては、システムを用いた取引モニタリング及び取引フィルタリングもとても重要ですが、本章では、あえて窓口業務における対応に焦点を当てることとします。

② 犯収法上で求められる継続的な顧客管理

［1］犯収法上の規定

　犯収法上、特定事業者は、特定業務に係る取引について、疑わしい取引に該当するか否かを判断し、該当すると認められる場合には速やかに行政庁に届け出るものとされています（犯収法第8条第1項）。

　また、取引を行う時点で「疑わしい取引」や「同種の通常取引と比べて著しく異なる態様で行われる取引」に該当する場合には、取引時確認が必要となります（犯収法第4条第1項、施行令第7条第1項柱書後段、施行規則第5条。なお、この場合には、確認済みの確認を行うことができません。【第2章　はじめに】、及び【Q2-5】参照）。

［2］疑わしい取引の判断方法

　犯収法では、疑わしい取引に該当するか否かの判断について、勘案すべき事項や判断方法が規定されています（犯収法第8条第2項、施行規

則第27条）。疑わしい取引の定義や参考事例については、【Q2-5】を参照して下さい。

	前提となるケース	勘案すべき事項と考慮しなければならない項目	判断の方法
【1】	新規顧客との特定業務に係る取引（一見取引）	以下を勘案する（犯収法8条2項） ・取引時確認の結果 ・当該取引態様 ・その他の事情 ・犯罪収益移転危険度調査書の内容	左記の①から③の項目に従って、疑わしい点があるかどうかを確認する方法
【2】	既存顧客との特定業務に係る取引		【1】の方法 ＋ 確認記録・取引記録等の精査
【3】	特定業務に係る高リスク取引 （高リスク取引：ハイリスク取引、疑わしい取引、著しく異様な取引、及び犯罪収益移転危険度調査書を勘案してリスクが高いと認められるもの（【Q2-6】❹（注）参照））	以下の項目に従って確認する（施行規則26条） ①他の顧客との間で行う一般的な取引態様との比較 ②当該顧客との間で行った他の取引の態様との比較 ③取引時確認の結果との整合性	【1】又は【2】の方法 ＋ ・当該顧客等又は取引担当者に対する一定の追加的な調査を行った上で、 ・統括管理者等が疑わしい点があるかどうかを確認する方法

3 継続的な顧客管理

　このように犯収法上は疑わしい取引に該当するか否かの管理を行うべきことが明文上求められていますが、「継続的な顧客管理」という言葉で明示的に義務付けがされているわけではありません。

3 金融庁ガイドラインで求められる継続的な顧客管理

　「継続的な顧客管理」という概念は、金融庁ガイドラインにおいて明示的に用いられています。その内容については【Q3-1】を参照してください。

コラム 3-1

疑わしい取引の情報はどこに届け出られてどのように利用されるのですか？

　疑わしい取引の届出は、各業者が所管の省庁に対して行うものですが（金融機関であれば金融庁、宅地建物取引業者であれば国土交通省など）、各省庁は、主務大臣や国家公安委員会を経て、警察庁犯罪収益移転防止対策室に情報を連携しています。

　警察庁犯罪収益移転防止対策室は、日本の FIU（Financial Intelligence Unit：資金情報機関）として、マネーローンダリングに関する情報を一元的に集約し、整理・分析して捜査機関等に提供しています。

　疑わしい取引の届出情報も、捜査に大いに活用されており、疑わしい取引の届出情報が端緒となって捜査が開始された例は枚挙にいとまがないとされており、具体的には、届出情報をきっかけとして都道府県警察が検挙した事件（端緒事件）の数が令和 2 年中で 1028 件、事件捜査の着手後に届出情報を活用して検挙した事件（活用事件）の数が令和 2 年中で 1397 件となっています（警察庁「令和 2 年犯罪収益移転防止に関する年次報告書」）。

　なお、疑わしい取引の届出を行ったという情報がこのように犯罪捜査と密接に結びついていることから、犯収法第 8 条第 3 項は、**疑わしい取引の届出を行おうとすること又は行ったことを顧客又はその関係者に漏らしてはならないと規定しています（内報の禁止）**。金融庁ガイドラインでは、疑わしい点を感じた場合には、顧客に対してヒアリング等を行うことが求められますが、届出を検討している旨などは顧客には伝えないよう注意してください。

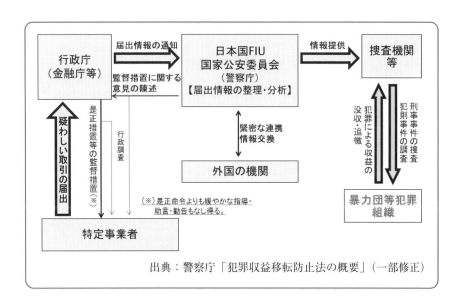

図中のテキスト:

行政庁
（金融庁等）

届出情報の通知

日本国FIU
国家公安委員会
（警察庁）
【届出情報の整理・分析】

情報提供

捜査機関
等

監督措置に関する
意見の陳述

疑わしい取引の届出

是正措置等の監督措置（※）

行政調査

緊密な連携
情報交換

外国の機関

刑事事件の捜査
犯則事件の調査

犯罪による収益の
没収・追徴

暴力団等犯罪
組織

特定事業者

（※）是正命令よりも緩やかな指導・
助言・勧告もなし得る。

出典：警察庁「犯罪収益移転防止法の概要」（一部修正）

Q3-1 金融庁ガイドラインで求められる継続的な顧客管理とは
どのようなものでしょうか？

❶ はじめに

　金融庁ガイドラインでは、リスクベースアプローチに基づいて更に進
んだ対応を行うことが求められています。

　対応が求められる事項として、「継続的な顧客管理方針」の策定・検討・
見直し、及び調査結果等の管理・共有といったいわば運用体制の側面の
ほか、リスクに応じた定期的な顧客情報の確認の実施が挙げられていま
す（金融庁ガイドラインⅡ-2（3）（ⅱ）⑩）。また、これらの前提として、
「顧客類型ごとにリスク評価を行うこと等により、全ての顧客について
リスク評価を行う」ことが求められていることにも、留意が必要です（同
⑥、【Q1-11】）。

❷ 継続的な顧客管理としての調査

　継続的な顧客管理を実施する際に調査する情報については、定性的に
定まるものではなく、顧客リスク評価や取引の特性等に応じて個別具体
的に判断する必要があります。これは、調査の目的が調査結果を踏まえ
て顧客リスク評価を見直すことにより、実効的なリスク低減措置を講じ
ることにするためです。そのため個別の顧客について保有するすべての
情報を一律に更新することは求められず、リスク管理に必要な範囲で調
査すれば足ります（金融庁FAQ p66）。

　また、調査方針については、特段限定がされているわけではなく、調
査の目的を達し得る手段であれば許容されます。一般的なものとしては、
ダイレクトメール等を送付し回答を得る方法が挙げられますが、その他
対面での対応やアプリを利用する方法等、リスクに応じた対応も可能で
す（金融庁FAQ p66）。

③ 定期的な顧客情報の確認

　定期的な顧客情報の確認（確認の頻度をリスクに応じて異にする）について、金融庁は、「一般的には、高リスク先については1年に1度、中リスク先については2年に1度、低リスク先については3年に1度といった頻度で情報更新を行うことが考えられます。これ以上、期間を延ばす場合には、合理的かつ相当な理由が必要になるものと考えます。……情報更新に際しては、信頼できる公開情報を参考にすることもあり得ますし、顧客に対面で確認するべき場合もあり得るものと考えます。」としています（金融庁FAQ p69）。頻度、更新方法、情報更新ができなかった場合の対応（解約等を行うか否か）などを総合的にみて、実効的にリスクが低減できるような対応を講じることが必要になると思われます。

　例えば、休眠顧客（長期不稼働口座に係る顧客）については、取引が行われていない以上は犯罪収益の移転のリスクがないと考え、取引再開時にアラートが出るような取引モニタリングの設定を行うとともに、定期的な顧客情報の確認の対象外とすることも考えられます（金融庁FAQ p53）。また、金融庁は、所定の要件を満たす顧客類型については、一般的にリスクが低く積極的な情報収集を行う必要性が低いと想定されるとしています（金融庁FAQ p61。要件は以下の①〜⑥。①法人及び営業性個人の口座は対象外（ただし、上場企業等は公表情報による確認が可能）、②全顧客について顧客リスク評価を実施した上で低リスク先顧客と分類されること、③取引モニタリングの対象となっていること、④本人確認済み、⑤直近1年間において、捜査機関等からの外部照会、疑わしい取引の届出審査対象及び凍結口座依頼を受けた実績がないこと、⑥顧客情報の更新があった場合には顧客リスク評価を見直すこと）。

　なお、在留外国人の顧客管理については、2022年の金融庁FAQの改定において具体化され、在留期間満了前において、当該顧客在留期間を更新しない場合には、在留期間満了前に口座を解約すること、及び更新する場合には更新後の在留期間を届け出ることをあらためて要請する必

要があると明記されました（金融庁 FAQ p55）。

　「マネー・ローンダリング・テロ資金供与・拡散金融対策の現状と課題」（2022 年 3 月）においても、「丁寧な顧客対応に係る要請」として、在留外国人顧客への対応に力点を置いた説明がされています。例えば、取組みに遅れがある事例（既存在留外国人顧客について在留期間の確認ができていない等）のほか、対応に問題なしとしない事例（永住資格を有する者に対して在留期間を確認した等）についてまで言及されていることに照らしても、当局の問題意識が高いことが窺われます。

金融庁ガイドラインⅡ-2（3）（ⅱ）⑩

⑨　後記「（ⅴ）疑わしい取引の届出」における【対応が求められる事項】のほか、以下を含む、継続的な顧客管理を実施すること

イ．取引類型や顧客類型等に着目し、これらに係る自らのリスク評価や取引モニタリングの結果も踏まえながら、調査の対象及び頻度を含む継続的な顧客管理の方針を決定し、実施すること

ロ．各顧客に実施されている調査の範囲・手法等が、当該顧客の取引実態や取引モニタリングの結果等に照らして適切か、継続的に検討すること

ハ．調査の過程での照会や調査結果を適切に管理し、関係する役職員と共有すること

ニ．各顧客のリスクが高まったと想定される具体的な事象が発生した場合のほか、定期的に顧客情報の確認を実施するとともに、例えば高リスクと判断した顧客については調査頻度を高める一方、低リスクと判断した顧客については調査頻度を低くするなど、確認の頻度を顧客のリスクに応じて異にすること

ホ．継続的な顧客管理により確認した顧客情報等を踏まえ、顧客のリスク評価を見直すこと

④ 取引モニタリング・取引フィルタリング

　また、取引モニタリング・取引フィルタリングも継続的に実施していく必要があります（金融庁ガイドラインⅡ-2（3）（ⅲ））。

　取引フィルタリングに関しては、スクリーニングリスト自体が日々変更されるものですので、原則として顧客情報に変更がなくとも継続的に実施することが必要となります。

　取引モニタリングについては、シナリオ・敷居値を見直し続けることが必要であるほか、適用対象となる取引が適切に設定されていることを定期的に検証し、検知された取引を適切に人の目で検証することが求められます（疑わしい取引の届出の場面などでは第2線が関与することが望ましいと考えられます）。なお、シナリオ・敷居値の見直しにおいては、見落とし（検知漏れ）がないように気を付けるのと同時に、より精度の高い（誤検知の少ない）ものとすることを目指す必要があります。

　また、2021年8月に公表されたFATF相互審査結果では、シナリオ・敷居値をリスク分析に合ったものとすること、及び、顧客管理データと取引モニタリングを統合した適切かつ包括的な情報システムの導入が求められています（【Q1-7】参照）。すなわち、顧客情報が定期的に更新されることを前提に、所在地、事業内容又は取引目的を踏まえたより高度な取引モニタリングシステムを構築していくことが求められています。

　取引フィルタリングについては、暴力団構成員等の反社会的勢力のデータベースのほか、経済制裁対象者のデータベースを導入し、「遅滞なく」更新し続けることが必要となります。FATF相互審査結果では、国連で決定された金融制裁を日本国内において遅滞なく（安保理決議から概ね24時間以内に）実施するよう改善することが求められており（【Q1-7】参照）、日本政府も現在安保理決議から2日から5日程度かかる外務省告示の発出を更に迅速化することを計画していますが（行動計画6（2））、金融機関に対しても、安保理決議等で経済制裁対象者が定められた場合に安保理決議等から24時間以内に自社が利用している制

裁リストに取り込むことが求められています（金融庁 FAQ p80）。

　2022年1月の金融審議会資金決済ワーキンググループ報告では、取引フィルタリング、取引モニタリングの共同機関への委託やその規制のあり方について一方の方向性が示されました。これを受けて、2022年6月3日付けで資金決済法等が改正され預金取扱金融機関等の委託を受けて為替取引に関し取引フィルタリング等を共同化して実施する為替取引分析業について許可制が設けられたほか、全国銀行協会が AML/CFT 業務の高度化・共同化を目的として2023年1月6日付けで株式会社マネー・ローンダリング対策共同機構を設立し、為替取引分析業に係る許可申請等の必要な対応を進めるなどの動きも見られますので、今後の展開が注目されます（なお、共同機構に委託した場合であっても、疑わしい取引の届出を行う義務は金融機関等に課せられた義務であり、当該届出については金融機関等が自己の名で行う必要があるものですので、届出をするか否かといった最終判断は、金融機関が行わなければならない点には注意が必要です）。

Q3-2 疑わしい取引かどうかの基準は、顧客によって変わるものなのでしょうか？　よく知っている取引先なら簡素な顧客管理をすることも許容されるのでしょうか。

事例①　顧客のなかには、SPCなど実業を営んでいない法人もあります。どのような点に留意して確認を行うべきでしょうか。また、よく取引をしている顧客であれば、簡素な顧客管理でも許容されるのでしょうか。

① 顧客管理（カスタマー・デュー・ディリジェンス：CDD）について

　金融庁ガイドラインは、「顧客管理（カスタマー・デュー・ディリジェンス：CDD）」（以下「顧客管理（CDD）」といいます）を特に個々の顧客に着目して講ずべき低減措置を判断・実施する一連の流れと定義し、リスク低減措置の中核的な項目と位置付けています（【Q1-11】も参照）。

（注）「カスタマー・デュー・ディリジェンス」という用語については、他にも、KYCと同義とする位置付けや、犯収法上の取引時確認を始めとしたマネロン対策のための顧客とのやり取りを広く含む使い方等があります。

　顧客管理（CDD）においては、取引の内容や取引に関連する国・地域も考慮されますが、特に、個々の顧客がどのような人物・団体で、どのような取引目的を有しているか、基本的な資金の流れがどうなっているかなど、顧客に係る基本的な情報に着目することが想定されています（金融庁ガイドラインⅡ-2（3）（ⅱ））。

　そして、リスクベースアプローチに基づくマネロンに係るリスクが高いと判断した顧客については、より厳格な顧客管理を行うことが求められ、リスクが低いと判断した顧客については、簡素な顧客管理を行うなど円滑な取引の実行に配慮することが求められるとされています。

（注）金融庁ガイドラインは、より厳格な顧客管理を「Enhanced Due Diligence：EDD」、簡素な顧客管理を「Simplified Due Diligence：SDD」とも呼んでいます。なお、犯収法上の「簡素な顧客管理を行うことが許容される取引」は、形式的には対象取引に該当するものの取引時確認を要しない取引のことをいい（施行規則第4条）、言葉はやや似ていますが、全く異なる概念ですので、ご注意ください。

　そのため、疑わしい取引かどうかの判断基準も、顧客属性（や顧客に係る基本的な情報）に応じて変えることが求められているといえます。

2 顧客属性と疑わしい取引の判断基準

1 リスクの高い顧客属性とは

　どのような顧客属性をリスクが高いものとして扱うかは、最終的には、各社ごとの判断となります。

　犯罪収益移転危険度調査書や疑わしい取引の参考事例を参考にすれば、一例としては、以下のような顧客が挙げられるでしょう。

- ・　反社会的勢力
- ・　国際テロリスト等
- ・　イラン・北朝鮮に居住・所在する顧客（犯収法第4条第2項第2号、施行令第12条）
- ・　外国 PEPs（犯収法第4条第2項第3号、施行令第12条）
- ・　実体のない法人（SPC等）
- ・　非営利団体（NPO）

　なお、NPOについては、金融庁ガイドラインでは、全てのNPOが本質的にリスクが高いものではないことを前提としつつ、その活動の性質や範囲等（紛争地域への物資支援など）によってはテロ資金供与に利用されるリスクがあることを踏まえ、国家公安委員会が公表する犯罪収益移転危険度調査書やFATFの指摘等を踏まえたリスク低減措置を検討・実施することが重要とされており（金融庁ガイドラインⅠ-1）、疑わしい取引該当性の判断の際には個々の団体や活動に即して検討する必

要があると考えられます。FATF 相互審査結果での指摘を受け、日本政府は NPO のリスク分析に着手していますので（行動計画 6（5））、その動向も注目されます。

　これらに対して、個人顧客の方は、実質的な取引主体が把握しやすく、また取引金額も低いため、リスクは比較的低い場合が多いといえます。とはいえ、個人事業主であって、事務員が取引を担当しており、多額の資産を有しているようなケースにおいては、一概にリスクが低いとはいえません。また、就労・留学目的の在留外国人についても、少なくない数の口座の売却事例が確認されている実態を踏まえ、別枠での管理が必要と考えます（【Q2-7】参照）。

② リスクの高い顧客とマネロンとの関わり

　リスクの高い顧客属性に当たるか否かを検討するに当たっては、顧客のマネロンへの関わり方が多様である点もご留意ください。

　すなわち、①顧客自身が犯罪による収益を有している場合のほか、②顧客の認識の甘さを利用してその口座や名義をマネロンに使う場合（口座の売却をそそのかされる場合）や、③顧客が純然たる被害者である場合（パスワードを盗み取られて第三者によって不正利用されるケース、取引先を装ったメールによって金銭を詐取されるケースなど）もあり得ます。

③ "よく知っているお客様" とは？

　顧客の属性に応じた確認方法を検証する際に、たまに「よく知っているお客様なので、マネロン等のリスクはないと判断してよいですよね？」という趣旨の質問を受けることがあります。

　しかしながら、「よく知っているお客様」といっても、その意味合いは千差万別です。

　その顧客の事業内容、資金繰り、資本構成等や実質的支配者、取引担当者を熟知しており、それらの顧客情報から、疑わしい点がないと判断

できるのであれば、リスクは低いといえると考えます。

　一方で、情報がある分、疑わしい取引に該当するかどうかの判断において考慮すべき事情は増えます。把握している事業の規模や内容に照らして合理的な取引内容であるか、普段と違う取引の場合には詐欺などの犯罪に巻き込まれていないかなど、かえって深く慎重な判断が求められる場合もあるといえると考えます。取引年数が長いだけで安易にリスクが低いとはいえないと気を引き締める必要もあると思われます。

お客様がリスクの高い顧客類型に該当する場合はどのような対応が必要？

　お客様がリスクの高い顧客類型に該当する場合には、疑わしい取引の該当性判断の際にそのリスクの高さを適切に考慮すべきです（【Q3-2】）。

　また、それ以外にも、以下のような対応が必要になると考えられています。

金融庁ガイドラインⅡ-2（3）（ⅱ）⑦

⑦　マネロン・テロ資金供与リスクが高いと判断した顧客については、以下を含むより厳格な顧客管理（EDD）を実施すること

　イ．資産・収入の状況、取引の目的、職業・地位、資金源等について、リスクに応じ追加的な情報を入手すること

　ロ．当該顧客との取引の実施等につき、上級管理職の承認を得ること

　ハ．リスクに応じて、当該顧客が行う取引に係る敷居値の厳格化等の取引モニタリングの強化や、定期的な顧客情報の調査頻度の増加等を図ること

　ニ．当該顧客と属性等が類似する他の顧客につき、リスク評価の厳格化等が必要でないか検討すること

　実務的には、「追加的な情報を入手する」対応の際に、どのような情報を入手すればよいかが悩ましい点となります。取引に不審な点があれば、取引目的や金額に関するエビデンスを求めることになるでしょうが、特に明確に不審な点がない場合には、財産状況についての書類（又は法人の場合には実質的支配者を特定するための資料）の開示を求めることなどが考えられます。

　なお、犯収法上、各特定事業者が高リスク取引と位置付けた取引については、取引実行の際に統括管理者の承認を得るべきとされており（施行規則第32条第1項）、また、疑わしい取引に該当するか否かの判断に当たっては、統括管理者による確認が必要とされています（施行規則第27条第3号。【第3章　はじめに】及び【Q2-6】❹（注）参照）。

Q3-3 延滞していた融資金をようやく返済してくれました。知人が立て替えてくれたとのことですが、知人との関係なども聞くべきでしょうか？

> 事例② 融資金の返済を延滞しがちであった個人事業主であるお客様が、期限前弁済で遅延損害金も含めて完済したいと申し出てきました。そのお客様からは、知人に相談したところ、立て替えてくれることとなった、知人には経営している事業の収入が不安定なことを理解してもらっており、返済ペースも柔軟に相談に乗ってくれる予定とのことです。知人との関係なども聞くべきでしょうか。

入金…
お願い…します

1 疑わしいポイント―急な返済

　事例②は、債権回収の観点からは願ってもない良い話ですが、マネロンの観点からは、疑わしい点が見受けられます。

　まず、「延滞していた融資の返済を予定外に行う取引」（疑わしい取引の参考事例（預金取扱金融機関）第7（1））に該当します。融資の際に把握していた事業内容や資金繰りからは想定できない返済を受けることになりますので、金融機関にとって不透明な資金の流れが生じることになってしまい、マネロン対策の観点からは好ましくありません。

　また、知人からの返済という点についても、その知人についての反社チェック等、何らかの対応が必要と考えられます。当初の融資取引が運転資金の貸付けである場合には、資金使途の厳密な確認ができていない

ことが多いと思われますので、融資取引自体がその知人のための名義貸しであったというシナリオにも警戒する必要があると思われます。

❷ 確認すべきポイント

上記のように疑わしい点が見受けられますが、疑わしい取引の届出をするかどうかの判断のためには、いくつか確認すべき点があると考えられます。

［1］返済原資

急な返済の場合には、マネロン対策の観点、すなわち資金の流れの透明性確保の観点からは、返済原資の確認が最も重要となります。

事例②では、知人による立て替えとのことですので、まずは、その知人との間でどのような約束が交わされているのかを確認することになります（借入れなのか、贈与なのか等）。

また、金額が多額である場合は可能であれば、その知人が当該金銭をどのように取得しているかも確認することが望ましいと考えます。その知人が一緒に来店している場合には、どのような金銭なのか直接聞くことができますが、そうでない場合にも、その知人の職業や行っている事業を確認することが望ましいと思われます。

［2］返済行為の合理性

また、融資取引自体が名義貸しであった可能性にも警戒する場合には、その知人が弁済を行う合理性があるかどうかを確認することになります。例えば、金利を支払う約束がなされており経済合理性が認められる場合や、営んでいる事業において提携関係にある場合などには、一応の合理性が認められるといってよいと思われます。

一方で、合理性が認められない場合には、顧客とその知人との関係について、ヒアリングすべきと考えます。

③ 疑わしい取引の届出を行うべきか

　前述の点を確認した上で、疑わしさ（資金の流れの不透明さや知人の行為に合理性が認められないこと）が晴れない場合には、金額にもよりますが、疑わしい取引の届出を行うことが望ましいと考えます。

③ リスク低減措置の検討

　疑わしい取引の届出をした場合であっても、弁済を受け付けることは可能です。ただし、疑わしいと判断した以上は、犯収法及び金融庁ガイドラインに則って、適切なリスク低減措置を講じるべきことになります。

① 取引時確認の実施

　疑わしい取引は、「特別の注意を要する取引」の1つとして、特定取引に該当することになりますので、取引時確認が必要になります（犯収法第4条第1項、施行令第7条第1項柱書、施行規則第5条。【第2章はじめに】参照）。

　早期完済の手続とあわせて、顧客や取引担当者の本人確認書類の確認等を実施するようにしましょう（取引目的については、融資金の返済の場合は、目的が明確であるため、積極的な確認は不要と考えることができます。職業や事業内容については、再度申告を得ることになります）。

② 適切なデータ管理

　また、知人による返済があったことは、顧客データベースへの登録などにより、社内で共有できるようにすべきと考えられます。

　与信管理上も、単なる完済とは異なる状況（顧客は引き続きその知人に対する債務を負っている可能性がある）と考えられますが、マネロン対策の観点からも、その顧客とその知人との関係について、記録を残し、仮に今後も取引の背後にその知人の影が見える場合には、その知人が事業の実質的支配者である可能性やその知人のために名義貸しを行っているリスクを警戒する必要が生じる場合があり得ると思われます。

Q3-4 預金口座への多額の振込みとその引出しが続いている場合にはどのように対応すべきでしょうか？

事例③　個人顧客の生計費決済用口座に多数の方からの振込みが短い期間に集中してなされ、その直後に現金で引き出されることが続いています。どのような措置を講じるべきでしょうか？

① 疑わしいポイント―多数の者からの振込みと現金引出し

［1］多数の者から頻繁に送金を受ける口座に係る取引

　個人顧客の生計費決済用口座であるにもかかわらず、多数の者から振込みを受けている状態は、金融機関側で把握している取引目的と実態に乖離が生じており、疑わしい点があると考えられます。

　また、疑わしい取引の参考事例では、「多数の者から頻繁に送金を受ける口座に係る取引。特に、送金を受けた直後に当該口座から多額の送金又は出金を行う場合」が参考事例として挙げられており（疑わしい取引の参考事例（預金取扱金融機関）第3（5））、事例③は、まさにこの場合に該当します。

　また、上記参考事例に該当する場合には、振り込め詐欺などに口座が利用されていることが疑われます。また、振り込め詐欺などの組織的犯罪に利用されている場合には、実際の口座利用者が口座名義人とは異なることが多いと考えられます。

［2］振込み直後の現金での引出し

　現金は、追跡可能性が低いため、犯罪収益等の保有や移転に利用され易い傾向があります。預金口座から現金化を急ぐような取引は、リスクが高いといえます。

事例③は、振込みの直後に現金化されている点も、疑わしい点です。

2 確認すべきポイント―振込みの原因取引、現金引出しの事情等

　上記の疑わしい点を踏まえて、金融機関として、本人への確認を行うことになると考えます（同時に、疑わしい取引の届出を行う必要があります（犯収法第8条））。

1 本人へのヒアリング

　本人への確認において聴取すべき事項は、上記の疑わしいポイントに即したものとなりますので、①多数の方から受けている振込みは、何の金銭であるのかという点と、②何故、都度現金で引き出しているのかという点になります。

　上記①に関しては例えば、生計費決済用口座として開設したが、現在、個人事業を始めており、事業費決済用口座として利用しているとのことであれば、多数の振込みがある理由は判明しますが、取引目的の変更を登録しなければなりません。また、事業の概要についても、可能な範囲で聴取すべきと考えられます。

　また、ネットの中古品売買市場での出品を頻繁に行っており、落札者から振込みを受けているというケースもあるようです。

　いずれの場合においても、多数の者から頻繁に送金を受ける理由は、一応説明がつくことになると思われますが、本人からの申告に過ぎないこと、客観的かつ確実な証跡を求めることは必ずしも容易でないことを踏まえると、引き続き疑わしさは残るものと思われます。

　また、上記②は、銀行間振込みの利便性を考えれば、合理的な説明は難しいように思われます。

2 本人確認書類の徴求

　1で記載したとおり、振り込め詐欺などに利用されている場合には、

実際の口座利用者が口座名義人とは別人であることが多いと考えられます。そのことを踏まえ、本人確認書類の再度の徴求を行うことも検討すべきと考えられます。

③ リスク低減措置の検討—口座解約は可能？

①のような疑わしい点を踏まえ、(また②で確認した結果を加味して、)どのようなリスク低減措置を行うべきかを検討することになります。事例③は、相当に疑わしいものですので、預金規定の条項に照らして、どこまでの措置をとることができるかが問題となります(普通預金規定の参考例について【コラム1-5】参照)。

まず、取引の一部制限により、現金の引出しを停止したり、窓口取引以外の取引を停止して窓口に誘導することがあり得ます。

また、提出を求めた本人確認書類が提出されなかったり、多数の振込みがなされることの説明に不合理な点があるような場合には、一時的な口座凍結はもちろん、口座の解約も検討すべきものと思われます。

Q3-5 個人顧客による現金での入金と海外送金が継続している場合にはどのように対応すべきでしょうか？

事例④　約1か月の間、複数回にわたり、個人顧客がこれまで個人取引を行っていた支店や他の支店に、多額の現金を持参し、その都度口座への入金及び全額の海外への送金を依頼しています。送金目的は海外法人への貸付けと説明され、資料も提示されていますが、どのような確認をすべきでしょうか。

❶ 疑わしいポイント―現金入金と直後の送金

1 多額の現金での入金

　複数回にわたり多額の現金を持参するという事態は、不自然といえますし、現金の追跡可能性の低さを踏まえれば、マネーローンダリングとの関連を強く警戒すべき事情であると考えます。疑わしい取引の参考事例においても多額の現金により入出金を行う取引や短期間のうちに頻繁に行われる取引で、現金による入出金の総額が多額である場合が挙げられています（疑わしい取引の参考事例（預金取扱金融機関）第1(1)、(2)）。

2 入金直後の海外送金

　また、入金直後に送金が行われている点については、送金の必要があったために入金がなされたのだとすれば、必ずしも不自然とはいえません。もっとも、資金の流れを追跡困難にする効果がありますので、注意が必要です。

❷ 検証すべき課題—資金源、頻繁な送金の事情等

　事例④には、❶のとおり怪しい点がありますので、犯収法上の確認（本人確認等）のほか、送金目的の合理性、送金先企業の実態・代表者の属性、資金源等、送金のリスクについて実質的な検証を行うことが求められます。また、頻繁に、多額の、取引直前の現金入金による送金が続いた点等を踏まえ、取引実行の前に、以下のような点を確認すべきと考えます。

・　取引直前の現金入金に基づく多額の現金送金の合理性
・　短期間に頻繁に多額の送金が行われる事情
・　個人の生活口座を通じ海外企業に送金することの合理性
・　貸付の経緯、送金の資金源
・　入金申込のあった支店で取引を行う合理的な理由

　なお、金融庁は 2018 年 3 月に、基本的な確認事項等を取りまとめた「送金取引に係る窓口業務及び管理体制の緊急点検（緊急チェックシート）」を発表していますので、参考にしてください。

❸ リスク低減措置の検討

　❷の項目の確認結果を踏まえて、リスク低減措置を検討することになります。❷の項目の確認において疑わしい点が解消された場合には、統括管理者など上長の確認を経た上で送金を実施することになると考えられます。疑わしい点が解消されなければ、取引を謝絶すべきと考えられます。

　なお、類似の取引が繰り返されている点が本件の特徴ですので、海外の送金先口座からの資金の移動状況を、送金先銀行に確認するなどの情報収集を行うことが望ましいといえます。

【送金取引に係る窓口業務及び管理体制の緊急点検（緊急チェックシート）】

- 送金取引を受け付けるに当たって、営業店等の職員が、個々の顧客及び取引に不自然・不合理な点がないか等につき、下記その他自らの定める検証点に沿って、確認・調査することとしているか。

  - 送金申込みのあった支店で取引を行うことについて、合理的な理由があるか
  - 顧客又はその実質的支配者は、マネロン・テロ資金供与リスクが高いとされる国・地域に拠点を置いていないか
  - 短期間のうちに頻繁に行われる送金に当たらないか
  - 顧客の年齢や職業・事業内容等に照らして、送金目的や送金金額に不合理な点がないか
  - 口座開設時の取引目的と送金依頼時の送金目的に齟齬がないか
  - これまで資金の動きがない口座に突如多額の入出金が行われる等、取引頻度及び金額に不合理な点がないか

- 上記の検証点に該当する場合、その他自らが定める高リスク類型に該当する取引について、営業店等の職員が顧客に聞き取りを行い、信頼に足る証跡を求める等により、追加で顧客・取引に関する実態確認・調査をすることとしているか。また、当該確認・調査結果等を営業店等の長や本部の所管部門長等に報告し、個別に取引の承認を得ることとしているか。

- その他、防止体制等、IT システムによる取引検知、疑わしい取引の届出、他の金融機関等を通じた送金取引、教育・研修等

（参考）　金融機関等において必要な検証等のイメージ

出典：金融庁「マネー・ローンダリング及びテロ資金供与対策の現状と課題」（2018年8月）

外国の不動産の購入代金の送金とのことですが、契約書の日付が３年前になっています。疑わしい取引に該当するのでしょうか？

事例⑤　アメリカに所在する不動産の購入代金として３億円相当の外貨を送金する依頼なのですが、不動産売買契約書の日付が３年前のものです。また、売主が中国企業ということで、カナダの金融機関への送金になります。疑わしい取引として扱うべきでしょうか。

❶ 疑わしいポイント―エビデンスの確からしさ

① 契約締結日と支払期日

　高額の外国送金の事例ですので、国内送金などに比較して慎重な対応が必要となります。

　もっとも、高額の不動産取引の場合には、契約締結の日と支払期日（決済日）が離れていることは、珍しくありません。そのため、単に契約締結日が３年前であること自体については、特に疑わしい訳ではないといえます。

　一方で、売買契約書は、振込みの原因取引のエビデンスとして提出をしてもらっているものですので、契約内容が振込みの事実と整合しているかを確認すべきと考えられます。

　犯罪組織が契約書を使い回して実体のない送金を行うことは、あり得る事態だと思われますので、契約書の写しを形式的に受け取るのではなく、エビデンスとしての確からしさを実質的に確認するよう努めるべきと考えられます。

② 振込先口座と売主の整合性

　また、中国企業への支払であるのに、カナダの金融機関への送金が指定されているという点も、確認すべきポイントになります。

国際的な企業が増えているため、本店所在地と振込先が別の国となることは、珍しくありませんが、取引先を装って巧妙な虚偽のメールで振込先を指定する詐欺も増えています（【Q1-4】第1項参照）。

2 検証すべき課題

1 契約書の確認項目

契約書を確認する際には、少なくとも、①当事者、②代金の額、③支払期日、及び④支払方法（振込先）の確認が必要となると思われます。これらの項目が契約書で定められていない場合には、定めを置いている覚書などを徴求することを検討すべきと思われます。

なお、積極的な調査までは不要と考えられますが、仮に金額が売買対象物件の相場価格と比較して著しく不自然に高い（又は低い）場合には、売買の名を借りた資金移動を疑うべきケースもあると思われます。

2 振込先口座の調査

指定された口座に振り込むことの合理性について、念のため検証すべきと考えます。

本件においては、売主がどのように振込先口座を指定したか、振込先口座の名義と売主の情報との間に不整合はないかなど、可能な範囲でヒアリングを行うことが望ましいといえます。顧客が真の意図を隠して資金を移動させようとしているケース、顧客が第三者に騙されて不自然な口座への振り込みに誘導されているケース、双方を想定しながら適切な検証を行うことが理想となります。

3 低減措置について

事例⑤においては、上記のとおり契約書や覚書の徴求を行い、ヒアリングをすることが最大のリスク低減措置になると考えられます。

契約書・覚書の内容やヒアリングした内容について、特に不自然な点が見つからなければ、疑わしい取引として取り扱う必要はない事例であると考えられます。

【編著者紹介】

近藤　克樹（こんどう　かつき）
片岡総合法律事務所　　弁護士

2006年桐朋高等学校卒業、2011年早稲田大学法学部卒業、2013年早稲田大学大学院法務研究科（ロースクール）卒業、同年司法試験合格、2014年弁護士登録（67期）、同年片岡総合法律事務所入所。2017年3月から2019年3月まで、信託銀行にて週2回（最初の1年間は週3回）の定例相談を行う。マネーローンダリング（特に犯罪収益移転防止法）、銀行法、割賦販売法、個人情報保護法その他金融規制法に関するご相談等を主に取り扱う。

近岡　裕輔（ちかおか　ゆうすけ）

2015年慶應義塾大学法学部法律学科卒業。2018年慶應義塾大学法科大学院修了。同年司法試験合格。2019年弁護士登録（72期）、弁護士法人片岡総合法律事務所入所。2021年3月から現在まで、慶應義塾大学法科大学院助教。2023年8月から現在まで、クレジットカード会社の監査役に就任。銀行、プラットフォーム事業者への派遣経験あり。
証券化を中心としたホールセール向け金融及び貸金業法、割賦販売法、資金決済法を中心としたリテール向け金融を幅広く手がける。

中西　成太（なかにし　せいた）

2018年京都大学法学部卒業。2020年京都大学法科大学院修了。2021年司法試験合格。2022年4月弁護士登録（74期）。弁護士法人片岡総合法律事務所入所。クレジットや各種ローン、ファイナンス・リース等のリテール金融分野を中心に、VC投資やM&A等の案件も幅広く手がける。

2023年改訂版

Q&Aでわかる！ 第一線のお客様対応(顧客管理)とマネロン対策

2023年10月26日　初版第1刷発行

著　者	近	藤	克	樹
	近	岡	裕	輔
	中	西	成	太
発行者	延	對	寺	哲

発行所 株式会社 ビジネス教育出版社

〒102-0074　東京都千代田区九段南4-7-13
TEL 03(3221)5361(代表)／FAX 03(3222)7878
E-mail▶info@bks.co.jp URL▶https://www.bks.co.jp

落丁・乱丁はおとりかえします　　　　印刷・製本／壮光舎印刷株式会社
ISBN978-4-8283-1041-1